Bibliothek
für Designer

ETHIK
FÜR DESIGNER

CHRISTIAN BAUER

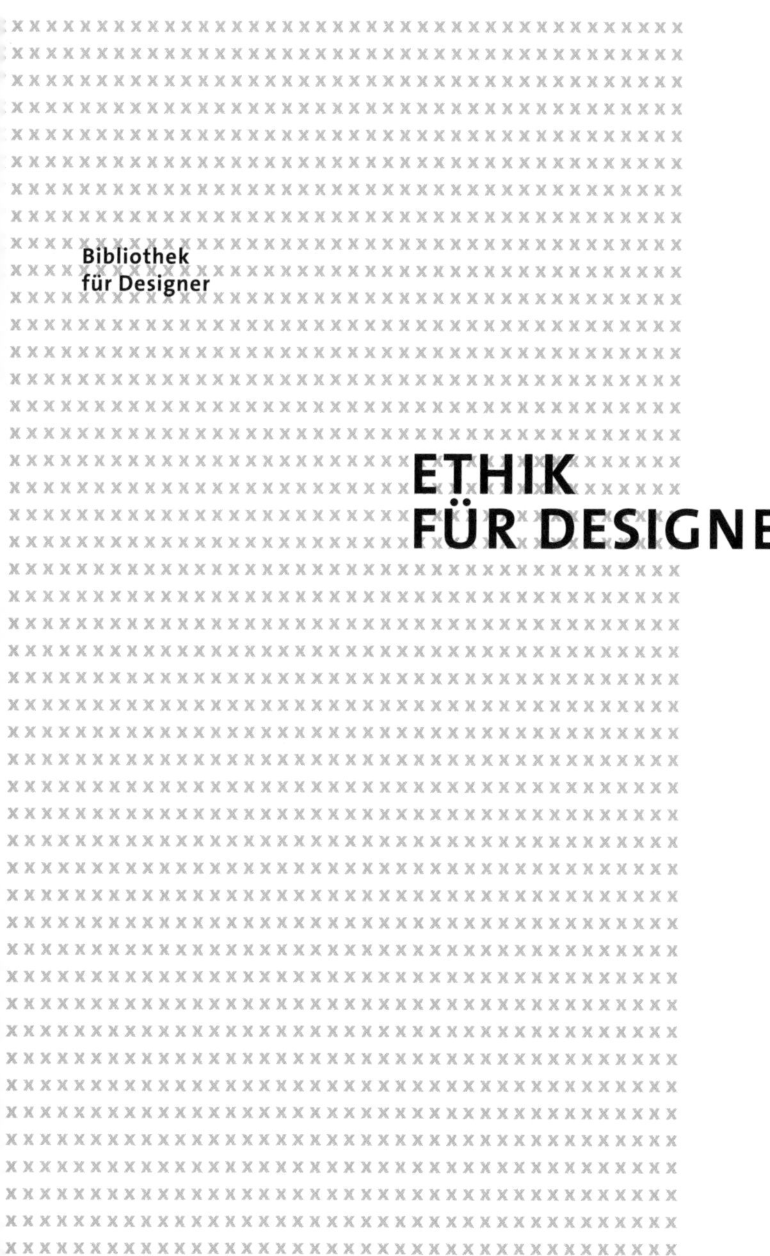

ETHIK FÜR DESIGNER

avedition

Bibliothek
für Designer

Zur Buchreihe

Einführungsreihen gibt es viele, doch noch keine, die sich speziell an Gestalterinnen und Gestalter richtet, in deren akademischer Ausbildung kultur- oder naturwissenschaftliche Methoden und Inhalte ja nicht unbedingt im Vordergrund stehen. Ziel der vorliegenden Buchreihe *Bibliothek für Designer* ist daher eine Erschließung von Bezugswissenschaften und sekundären Wissensgebieten für diese Berufsgruppe.

Die Reihe geht dabei nicht im Sinne konventioneller und fachspezifischer akademischer Übersichtsdarstellungen vor, sondern als vom Entwurfsprozess ausgehende, prägnante und kompetente Darstellungen des jeweiligen Wissensthemas. Daher zielt die Reihe nicht primär auf solche Themen, die dem Design nahe sind, sondern auf mögliche Projektinhalte der Gestaltung. Die Bände sollen vor allem eine Portalfunktion aus der Interessenslage der Gestaltenden heraus erfüllen.

Die Herausgeber
Prof. Dr. Thomas Friedrich
Prof. Dr. Klaus Klemp
Prof. Dr. Gerhard Schweppenhäuser

Inhalt

8 Zum Buch

—

11 Ethische Grundfragen im Designkontext

12 x Moral und Ethik im Design

20 x Haltung, Nutzen, Pflichten

23 x Gibt es spezifische Tugenden für Designer?

—

33 Ethik in der Designgeschichte

34 x Religiöse und ethische Lebensweisen am Beispiel der Kunst der Shaker

36 x John Ruskin, William Morris und die Entstehung des Umweltbewusstseins

43 x Margarete Schütte-Lihotzky und Design als Gestaltung sozialer Gerechtigkeit

47 x Raymond Loewy und die Anfänge der Business-Ethik

53 x Max Bill und die „gute Form“

57 x Das „First Things First“-Manifest oder ein Hippokratischer Eid für Designer

61 x Viktor Papanek oder Über wahre und falsche Bedürfnisse

69 x Dieter Rams’ Designphilosophie und die Zehn Thesen für gutes Design

77 x Lucius Burckhardt, Bazon Brock, Sozio-Design und die Ethik des minimalen Eingriffs

—

87 Ethische Herausforderungen unserer Zeit

88 x Vom Müll zur Mode und wieder zurück

96 x Nachhaltigkeit und das gute Leben

108 x Designgenossenschaften als Verantwortungsträger

114 x Autos, Apps und die Ethik der Mündigkeit

---

128 (K)eine Checkliste

---

133 Anhang

134 x Wichtige Institutionen, Organisationen und Websites

136 x Literaturempfehlungen

137 x Endnoten

143 x Impressum

Einleitung

In der Geschichte des Designs haben Gestalterinnen und Gestalter sich nicht allein mit genuin gestalterischen, sondern auch mit moralisch relevanten Problemen beschäftigt. Dieser Band bietet einen Überblick über moralisch bzw. ethisch relevante Fragen und Probleme, die in den vergangenen gut 150 Jahren Designgeschichte aufgetaucht sind. Er zeichnet nach, wie Gestalterinnen und Gestalter mit diesen Fragen und Problemen umgegangen sind. Außerdem bietet er Orientierung für die ethischen Herausforderungen unserer Zeit und hilft, das eigene Handeln auch in ethischer Hinsicht angemessen zu reflektieren. Gestalterinnen und Gestalter sehen sich einer Vielzahl von Herausforderungen gegenübergestellt, angesichts derer sie sich fragen müssen, worin ein sinnvoller designerischer Beitrag für eine gedeihliche Zukunft bestehen soll.

Wir werden uns jedoch nicht nur ansehen, wie Gestaltung und Moral de facto zusammenhängen. Vielmehr möchte dieses Buch auch dabei helfen, die Frage zu beantworten, inwiefern ethische Überlegungen innerhalb des Designs Beachtung finden sollten. So soll deutlich werden, dass die Ethik immer dann ins Spiel kommt, wenn darüber nachgedacht wird, ob moralische Urteile gut begründet oder zu kritisieren sind. Deshalb bezeichnet man die Ethik auch als eine Reflexionstheorie der Moral. Sie ist der Versuch, sich Rechenschaft zu geben über die Grundlagen unserer moralischen Urteile.

Viele Gestalterinnen und Gestalter ließen und lassen moralische Urteile in die Gestaltung von Lebensformen einfließen. Dies geschah und geschieht meistens durch ein besonderes soziales oder sozialemanzipatorisches Anliegen, aufgrund dessen Gestalterinnen und Gestalter sich immer wieder aufs Neue veranlasst sehen, korrigierend auf bestimmte gesellschaftliche Gegebenheiten und Entwicklungen einzuwirken.

Die Geschichte des Designs birgt vor diesem Hintergrund eine nennenswerte Anzahl von Persönlichkeiten, die auf besondere Weise einen Zusammenhang von Design und Moral eingefordert und in ihrem Schaffen zum Ausdruck gebracht haben. Nicht wenige ihrer Ideen und Überzeugungen prägen die Designszene bis auf den heutigen Tag. So waren viele dieser Persönlichkeiten von dem Ideal durchdrungen, das Leben der Menschen durch moderne Gestaltung zu verbessern. Dieser Anspruch hat eine ästhetische, aber immer wieder auch eine starke ethische Seite.

Es gibt Stimmen, die bestreiten, dass ein enger Zusammenhang zwischen Ethik und Design besteht. Diese Fraktion gestaltet gern mit dem Hinweis, Gestaltung möge nicht mit erhobenem Zeigefinger auftreten und müsse sich deshalb von moralischen Erwägungen frei halten. Es ist eines der Hauptziele dieses Buches zu verdeutlichen, dass auch diese Position letztlich eine moralische Position ist, nämlich eine solche, die fordert, dass sich Designerinnen und Designer moralisch neutral (gleichsam wertneutral) verhalten müssen. Aber dieser Standpunkt ist in unserer von Wissenschaften und Technik geprägten Moderne unhaltbar.

Im Folgenden wird daher gezeigt, wieso Ethik und Design alte Partner im Geiste sind. Denn in beiden Bereichen geht es um das gute und gelingende Leben, wenn auch unter je eigenen Vorzeichen. Sowohl Ethik als auch Design sind Praktiken, die erstere eine Reflexionspraxis und die letztere eine Herstellungs- und/oder Kommunikationspraxis. Bei einem vertieften Verständnis der konzeptionellen Leistung von Gestalterinnen und Gestaltern ist im Grunde unübersehbar, dass auch sie sich an moralischen Idealen und ethischen Prinzipien immer dann orientieren, wenn sie in größeren gesellschaftlichen Zusammenhängen denken müssen. Denn wer möchte sich auf Dauer den Vorwurf zuziehen, nicht auch für das Richtige, Gute und Gerechte einzutreten?

Für die Zukunft der Menschheit ist es von großer Bedeutung, in Erfahrung zu bringen, ob wir wirklich das Richtige tun. Wir wissen um die Endlichkeit unseres Lebens und um die Endlichkeit der Ressourcen, von denen wir Gebrauch machen. Allein schon dieses Wissen genügt, um aus einem Menschen eine moralisch reflektierende Person zu machen, die sich über den Wert der Dinge des Lebens den einen oder anderen Gedanken erlaubt. Verstetigen sich dann diese Gedanken, verbinden sich mit bestimmten Emotionen und fließen in Handlungsmuster ein, werden daraus mit der Zeit echte Haltungen. Diese Haltungen sind auch vonnöten, um im marktlichen Getriebe die eigenen Ideale weder gegenüber Kundinnen und Kunden noch gegenüber Auftraggeberinnen und Auftraggebern aus dem Blick zu verlieren.

Mein Dank gilt den Studierenden der HBKsaar, die mich in den vergangenen Jahren durch ihre Fragen und Anregungen herausgefordert haben. Mein ausgesprochener Dank gilt einmal mehr den Herausgebern, die mich bei der Ausgestaltung eines Einführungsbuchs ein weiteres Mal vertrauensvoll unterstützt haben. Und mein besonderer Dank gilt meiner Frau Nadine, die ich bei Fragen zur Philosophie konsultieren durfte.

Köln / Saarbrücken, August 2022

Christian Bauer

Wie sollen wir handeln? Was darf ich als Designer tun? Wo verlaufen die unsichtbaren Grenzen zwischen dem zulässigen und dem weniger wünschenswerten Handeln? Immer mehr Designerinnen und Designer fragen sich angesichts von Digitalisierung, Klimawandel, Vermüllung und Geschlechtergerechtigkeit, was angemessene ethische Kriterien für die Vertreterinnen und Vertreter der Gestaltungsbranche sein sollten.

Moral und Ethik im Design

In diesem Kapitel sollen einige grundlegende Überlegungen zu der Frage angestellt werden, was sich hinter dem Begriff der Ethik verbirgt und inwiefern sich im Zusammenhang des Designs ethische bzw. moralische Fragen und Probleme stellen.

x
Moral
Ein Set von kulturabhängigen Konventionen, tradierten Wertvorstellungen, geschichtlich gewachsenen Geboten und allgemeingültigen Normen, die das Verhalten in einer Gruppe ordnen und koordinieren sollen.

x
Ethik
Argumentativ agierende Disziplin, die allgemeingültige Begründungen für richtiges und gutes Handeln und verbindliche Maßstäbe für eine gelingende Lebensführung erschließt.

„Moral x und Ethik x werden in der Alltagssprache gerne als austauschbare Worte benutzt und nicht strikt unterschieden. „Moral" leitet sich aus dem Lateinischen „mos" ab und bedeutet dort „Sitte, Brauch". „Ethik" geht hingegen auf den altgriechischen Ausdruck „ἔθος" zurück, was ebenfalls Sitte, Brauch und Gewohnheit bedeutet. Sprachgeschichtlich verweist das Wort „Ethos" auf die Herberge, die Stätte des Wohnens oder eben darauf, woran man sich gewöhnt hat. Sprechen wir von moralischen Überzeugungen und Urteilen, dann haben wir es mit den Gewohnheiten der Menschen, ihren Sitten und Gepflogenheiten zu tun. Also mit dem, was Menschen mitunter über lange Zeiträume hinweg als das Übliche und Richtige betrachtet haben, meist ohne darüber gesondert nachzudenken, warum gerade dieses Verhalten oder jene Übungspraxis zu einer Gepflogenheit wurde. Aus der alltäglichen Erfahrung wissen wir jedoch, dass nicht alles, was wir über längere Zeit als richtig angesehen haben, deswegen auch einer kritischen Prüfung standhält. Immer wieder kommt es vor, dass bestimmte Sichtweisen kritisiert und letztlich aus guten Gründen über Bord geworfen werden. Die philosophische Ethik setzt genau hier an: Sie steht für den Versuch, moralische Überzeugungen zu überprüfen und zu systematisieren, um auf diese Weise zu zeigen, warum wir an manchen Überzeugungen festhalten können und andere kritisch überdenken sollten.

Für die Art und Weise, wie Menschen leben und welche moralischen Überzeugungen sie entwickeln, spielt der Ort, an dem sie leben, gründen, siedeln und arbeiten eine besondere Rolle. Unter dem Eindruck von Digitalisierung, demografischem Wandel, allgemeiner Beschleunigung des Lebens und anderen Herausforderungen der Moderne ändern sich die moralischen Vorstellungen wesentlich schneller, als dies in agrarisch geprägten Gesellschaften des Mittelalters oder der Neuzeit der Fall war.

Dass solche Änderungen Not tun, hat nicht zuletzt die Corona-Pandemie gezeigt. Moralische Überzeugungen und Grundeinstellungen sind mitunter die Frucht von Erfahrungen im Umgang mit solchen Krisen- und Katastrophenzeiten. Aber nicht immer handelt es sich um die eigenen Erfahrungen, sprich: Oft genug sind unsere Urteile über andere Menschen getragen von Ansichten und Überzeugungen, die sich aus Vorurteilen speisen. – Im Falle von Vorurteilen wird es ungemein wichtig, sich mit Ethik zu befassen. Es wäre wirklich schade, wenn wir als erwachsene Personen immer nur die Urteile reproduzieren müssten, die moralische Autoritäten vor uns bereits getroffen haben. Denn was wir als richtiges oder falsches Handeln erachten, hat oft genug damit zu tun, dass wir uns in unserem Urteil auf moralische Autoritäten stützen. Wir nehmen eine bestimmte Instanz in Anspruch, sei es eine elterliche oder professorale Figur, eine religiöse, politische oder ideologisch verbrämte Autorität, die uns von dem Anspruch entlastet, selbst denken zu müssen.

Das bedeutet nicht, dass bestimmte Autoritäten nicht mit ihren Ansichten im Einzelfall recht haben können. Aber die Ethik versucht solche Ansichten mit guten Gründen zu versehen. Als eine Disziplin der praktischen Philosophie stellt sie Beurteilungskriterien und Prinzipien zur Begründung und zur Kritik von Handlungsregeln oder normativen Aussagen darüber, wie man handeln soll, bereit.

Wieso sind solche Überlegungen für den Beruf der Gestalterin oder des Gestalters wichtig? Will man sich zeit seines Berufslebens auf fremde Autoritäten verlassen oder sich nicht lieber in seinem Urteil emanzipieren und sich, wie Immanuel Kant [x] vorschlug, „aus seiner selbstverschuldeten Unmündigkeit befreien“ [1]? Unmündig seien die Menschen vor allem aus Feigheit und Bequemlichkeit, meinte Kant. Die Befreiung im Sinne der geistigen Emanzipation müssen Personen aus eigenem Recht erringen. Dazu ist es nötig, sich gerade auch gewohnter Autorität zu entledigen. Das ist wahrlich kein einfacher Prozess, denn dazu muss man sich ganz neue Grundlagen verschaffen. In der Moralpsychologie [x] wird diese Phase der Emanzipation als wichtiger Bestandteil der sogenannten moralischen Reifung beschrieben.

x
Immanuel Kant 1724–1804
gilt als der bedeutendste deutsche Philosoph der Aufklärung, der mit seiner *Kritik der reinen Vernunft* die Erkenntnistheorie revolutionierte und mit der *Kritik der praktischen Vernunft* die Moralphilosophie neu begründete.

x
Moralpsychologie
Teildisziplin der Psychologie, die untersucht, welche Faktoren unser moralisches Verhalten positiv wie negativ beeinflussen.

Aus Interesse am Selbstdenken und an einem eigenständigen Urteilsvermögen kann man bei der Ethik landen. In fast allen Lebenslagen sind moralische Überzeugungen enthalten. In unserem Denken, Fühlen und Handeln tauchen überall Wertungen auf, Wertungen, die uns meistens überhaupt nicht auffallen. Es sei denn, es tritt im Sozialen ein Störfall auf. Eine Person legt ein ungewöhnliches Verhalten an den Tag, das andere Leute empört. Man selbst hingegen bemerkt zwar ebenfalls, dass etwas außerhalb der normalen Tagesordnung geschieht. Doch eigentümlicherweise nimmt man selbst kaum Anstoß daran, sondern nimmt dieses abweichende Verhalten vielleicht sogar als interessant oder belustigend wahr. Angesichts dieser Irritation kann man sich veranlasst fühlen, die eigenen Überzeugungen mit denen anderer Akteure abzugleichen.

In einer freiheitlich-demokratischen Gesellschaft ist es möglich, sich offen über von der sozialen Norm abweichendes Verhalten zu verständigen. Wohingegen in autoritär geführten, sogenannten illiberalen oder auch konservativen Gesellschaften der Druck der Konvention so stark sein kann, dass es einem nur begrenzt möglich ist, von der Meinungsfreiheit Gebrauch zu machen. Designer dürfen sich frei fühlen, im Rahmen ihres Berufs auch soziale Verbände zu bilden, die ein eigenes sozialethisches Profil entwickeln. Die Geschichte des Designs zeigt, dass diese Möglichkeit schon in den Anfängen erprobt worden ist; wenn auch nicht mit durchschlagendem Erfolg. Im Kapitel „Designgenossenschaften als Verantwortungsträger“ wird aus diesem Grund erörtert, inwiefern Designerinnen und Designer nicht nur individuell, sondern auch im Kollektiv als moralische Autoritäten auftreten können, die anderen und sich selbst gegenüber Regeln und Gebote des Zusammenlebens ins Spiel bringen.

Doch was heißt es konkret, dass Designerinnen und Designer es in ihrer Arbeit mit moralischen Problemen zu tun haben? Inwiefern tauchen moralische Fragen in ihrem Wirken und Werken auf? Schaut man sich die Geschichte anderer Berufsfelder an, so fällt auf, dass eine Profession immer dann vom Umgang mit moralischen Fragen profitiert, wenn sie in den Augen der anderen sozialen Akteure um allgemeine Anerkennung ringt. Auch Designer haben in der Praxis nicht immer moralisch zufriedenstellende Lösungen anzubieten. Viele müssen alltäglich Kompromisse eingehen und finden für sich persönlich zu keiner befriedigenden Beantwortung ihrer moralischen Fragen. Sie sehen sich damit konfrontiert, den Einsatz von Materialien zu rechtfertigen, die eine schädliche Wirkung auf Nutzer haben können. Oder sie müssen Werbebotschaften im Namen ihrer Auftraggeber kommunizieren, mit denen sie inhaltlich nicht übereinstimmen und die sie vielleicht sogar als verwerflich erachten.

Um moralische Fragen handelt es sich hier, weil nicht allein die technische Realisierbarkeit bestimmter Entwürfe im Zentrum steht, sondern weil bezweifelt werden kann, dass es überhaupt zulässig ist, bestimmte Ziele zu verfolgen. Um moralische Fragen handelt es sich auch, weil Handlungen daraufhin überprüft werden, inwiefern sie mit den Interessen und dem Wohl anderer Personen vereinbart werden können. Ein plastisches Beispiel hierfür liefert der Einsturz des Rana-Plaza-Gebäudes in Bangladesch (2014), unter dessen Eindruck viele Modedesignerinnen und -designer anfingen, über die Produktionsbedingungen und Fehlanreize in der Modeindustrie nachzudenken.

Bevor wir aber zur Beantwortung dieser anspruchsvollen Fragen übergehen, ist festzuhalten: In der Designpraxis kommt es immer wieder vor, dass man auf unterschiedliche moralische Vorstellungen trifft. So sehen sich Designer mit einer gesellschaftlichen Praxis des globalen Wirtschaftens konfrontiert, in der die Akteure einander widerstreitende moralische Positionen einnehmen. Dadurch kann zum Beispiel in einer Kultur das Kopieren als eine Art von illegitimem Ideenklau gelten, in einer anderen Kultur hingegen als legitime Form der Anerkennung und Aneignung der Ideen anderer. In gleicher Weise kann das Kopieren in einer Rechtskultur die Grundlage erfolgreichen Wirtschaftens (zum Beispiel in der VR China) und in einer anderen eine strafbare Handlung (zum Beispiel im Einzugsgebiet der EU) sein. In diesem Kontext sollten wir uns die unterschiedlichen Zuständigkeitsbereiche von Recht, Moral und Ethik vor Augen halten: Während das „wichtigste normative Instrument zur Regulierung des Kopierens in modernen Gesellschaften“ unzweifelhaft das Recht ist,

„wobei neben dem Urheberrecht bzw. Copyright im engeren Sinn auch das Patent- und Markenrecht, wettbewerbsrechtliche Normen und weitere Rechtsgebiete relevant sind", wird „die Kluft zwischen dem geltenden Recht und gesellschaftlich verbreiteten moralischen Überzeugungen hinsichtlich der Legitimität des Kopierens" immer breiter.[2] Eine solche Kluft kann dazu veranlassen, rechtliche Normen zu überdenken oder weiterzuentwickeln. Dabei kommt der ethischen Reflexionsarbeit eine besondere Bedeutung zu. Man sollte aber nicht erwarten, dass die Ethik als Reflexionstheorie schlüsselfertige Antworten auf die moralischen Zumutungen des Alltags bietet. Sie kann zwar Situationen der moralischen Fragwürdigkeit behandeln, wird dies aber stets im Lichte der Verbindlichkeit von Moralprinzipien bewerkstelligen, die nach einem allgemeingültigen Ordnungsrahmen verlangen.

Dieser Rahmen könnte wiederum geschaffen werden durch eine spezifische Professionsethik für Designer, die aber bis dato noch nicht existiert. Eine Professionsethik ist ein Orientierungs- und Verständigungsangebot für Vertreter einer Berufsgruppe, die sich durch ein Spezialwissen auszeichnet und sich im „Prozess einer Professionalisierung" beständig neue „Zuständigkeiten" erschließt[3]. Man spricht auch von einer Bereichsethik [x]. Die große Fülle von Bereichsethiken fasst man unter dem Dach der Angewandten Ethik zusammen. Die Angewandte Ethik (engl.: „applied ethics") ist durch praxisnahe Reflexionsangebote gekennzeichnet. Sie hat mehr oder minder konkrete Handlungsfelder und Personengruppen vor Augen, die immer wieder aufs Neue in bestimmte Konfliktsituationen geraten können. So werden beispielsweise Ärzte heutzutage im Rahmen ihres universitären Studiums in medizinethischen Belangen ausgebildet. Die Medizinethik ist eine Bereichsethik, die in den vergangenen Jahrzehnten intellektuelle Maßstäbe gesetzt hat. Dies hat wohl mit den besonderen Herausforderungen für das Personal des ärztlich-pflegerisch-therapeutischen Komplexes zu tun. Immerhin geht es für diese Menschen alltäglich um Fragen von Leben und Tod. Im beruflichen Alltag in Kliniken herrschte ohne ein striktes Set von Regeln und Routinen ein viel zu großes Konfliktpotenzial.

x
Bereichsethik
Die Bereichsethiken verhandeln ethische Konflikte in bestimmten Lebensbereichen oder beruflichen Kontexten. Zu nennen sind Wirtschaftsethik, Umwelt- und Naturethik, Medienethik, Internetethik, Bioethik und viele andere mehr.

Aber auch die Anwendung von Regeln will gekonnt sein. Oft müssen die Akteure einen Spagat zwischen einer Einzelfallentscheidung und der Einhaltung allgemeingültiger Regeln bewerkstelligen. Ein wichtiger Maßstab ist die Angemessenheit von Handlungen oder auch Verhältnismäßigkeit von Bewertungen.

In der beruflichen Praxis müssen Entscheidungen kommuniziert und gerechtfertigt werden können. Dazu bedarf es gewisser begrifflich-kognitiver Routinen, d.h., man muss in der Lage sein, bestimmte Entscheidungen, die getroffen wurden, zu rechtfertigen. Und das heißt eben auch, eine Sprache der Entscheidungsfindung und der moralischen Kommunikation zu beherrschen.

Jenseits der konkreten Anwendung sind wir darauf angewiesen, unsere moralischen Urteile zu begründen. Dazu dürfen wir nicht in die Falle der Kleinteiligkeit und Kleinmütigkeit geraten. Das Versprechen der philosophischen Reflexion ist es vielmehr, gangbare Wege aufzuzeigen, die aus dieser Beschränkung hinausführen.

Bei der Ausübung des Designberufs wird man es sowohl als wirtschaftlicher Akteur wie auch als Nutzer avancierter Medientechnologien mit moralischen Herausforderungen zu tun bekommen. Für Mediziner, Ingenieure und Journalisten gibt es berufsständische Ethik-Kodizes. So stellt der Deutsche Presserat den Journalisten seit 1973 Leitlinien für ein berufsadäquates Handeln zur Verfügung. Dass ein Berufsstand sich im Licht der Öffentlichkeit mit Richtlinien versieht, ist Ausdruck seiner realen gesellschaftlichen Bedeutung. In diesen Kodizes findet man Regeln und Normen, die von rechtlichem Belang sind.

Wie bereits angedeutet, sollte man Recht und Ethik voneinander unterscheiden, denn die rechtlichen Normen haben einen anderen Charakter als ethische. Bei ersteren handelt es sich um verbindliche und grundsätzlich sanktionierbare Normen, die meistens in Form von Gesetzen kodifiziert sind und mit Zwangsmaßnahmen einhergehen können. Ethik-Kodizes hingegen dienen zum Gutteil der Selbstverständigung über die Bedeutung der eigenen Disziplin. Sie nehmen

Bezug auf Handlungen, die in einer bestimmten Profession zu tun oder besser zu unterlassen sind. Es geht also um die allgemeine Zustimmungsbereitschaft zu den Handlungen und Verhaltensweisen einer Berufsgruppe, die in der Lebenswelt ein Gruppenethos ausbildet. Insbesondere Vertreter von stark kommunikationsbezogenen Berufen leben vom „öffentlichen Vernunftgebrauch“[4] in freiheitlich-demokratischen und liberalen Gesellschaften. Für all diejenigen Tätigkeiten, die sich im Licht der Öffentlichkeit abspielen, ist es bei schwerwiegenden moralischen Fragen hilfreich, sich der kollektiven Intelligenz von Verbänden zu versichern und Problematiken an Kommissionen zu delegieren:

> „Ethikkommissionen sind beauftragt, die Einhaltung moralischer und rechtlicher Grenzen, z.B. bei Versuchen am Menschen, zu überwachen bzw. grundlegende Urteile darüber abzugeben, welche Anwendungen von Wissenschaft und Technik als moralisch zulässig oder unzulässig gelten sollen.“[5]

Designerinnen und Designer sehen sich oft mit Entscheidungen und moralischen Fragen konfrontiert, die in engem Zusammenhang mit dem sogenannten wissenschaftlichen und technischen Fortschritt stehen. Aber kommen sie angesichts der auf sie einprasselnden Trends damit hinterher, die rasanten technologischen Entwicklungen auf ihre jeweiligen sozialen und ethischen Dimensionen hin zu untersuchen? Wie tritt- und handlungssicher können Designer überhaupt sein? Schließlich sind sie in einer Branche tätig, die besonders stark von Trends getrieben ist. Die an sie adressierten Erwartungen, ständig etwas Innovatives und nie Dagewesenes abzuliefern, erzeugen einen entsprechend hohen Druck. Die Imperative des Markts tun ein Übriges, um die Akteure zu verunsichern. Wie soll man in dieser Situation nicht immer wieder zu voreiligen, fragwürdigen oder auch falschen Lösungen für moralische Problemen gelangen?

Es gibt auch das Phänomen bestimmter moralischer Trends, die nicht unbedingt nachhaltig zu sein brauchen. Schließlich lassen sich Probleme auf ganz unterschiedlichen Ebenen darstellen, verhandeln und auch wieder abbügeln. Beispielsweise sieht sich die Modeindustrie in Rechtfertigungsnöten. In Teilen der öffentlichen Meinung ist ein schlechtes Image der sogenannten „Fast Fashion"-Industrie entstanden, das auf das Modedesign abfärbt. Dem steht ein zeitgemäßes Umweltbewusstsein gegenüber, das auf Prinzipien der Nachhaltigkeit ˣ abhebt. Entsprechend versuchen Designer darauf zu reagieren und bieten nun „nachhaltige Mode" an. Doch ist der in Mode geratene Bezug auf Nachhaltigkeitsethik bereits die Lösung des moralischen Problems, das im Grunde wesentlich vielschichtiger ist? Es setzt sich aus massiver Umweltverschmutzung, Raubbau an Ressourcen, Textilmüll, mangelhaften Sozial- und Arbeitsschutzstandards und ausbeuterischer Arbeit im Rahmen globalen Wirtschaftens zusammen. Sind Modedesigner nun für alle Ebenen des Problems zuständig? Sind sie moralisch gefestigt genug, sich den Imperativen des Kapitalismus entgegenzustellen? Oder führt eine dezidiert kapitalismuskritische Auffassung von Design in der Alltagspraxis nicht in die moralische Überforderung? Egal wie man sich entscheidet, zeigt der Fall, dass unter dem Terminus Nachhaltigkeit gravierende Gerechtigkeitsprobleme und Geschlechterungleichheiten zum Thema werden. Viele Designerinnen und Designer werden sich naturgemäß fragen, welche Verantwortung sie persönlich oder als Gestalter von gesellschaftlichem Leben tragen.

x
Nachhaltigkeit
Prinzip der Ressourcennutzung, das verhindern soll, dass die ökologische, ökonomische und soziale Entwicklung die Lebensfähigkeit und -qualität kommender Generationen mindert, und durch das die natürliche Regenerationsfähigkeit gewährleistet bleiben soll.

Haltung, Nutzen, Pflichten

Drei Arten und Weisen, moralische Problemzusammenhänge zu analysieren, trifft man in der Ethik besonders häufig an. Da ist a) der tugendethische Zugang x, den Designerinnen und Designer in Ansätzen auch aus ihrer Alltagspraxis kennen. Wenn sie sich lobend oder tadelnd zu einem konkreten Design äußern, fallen Bemerkungen wie dies sei „ein ehrliches Design" oder das sei „ein verlogenes Design". Diese Redeweise offenbart einen bereits etablierten Umgang mit moralischen Problemen im Designkontext, bei dem auf bestimmte Tugenden und Laster abgehoben wird. Zugleich schwingt in diesen Ausdrücken eine Art von Wechselwirkung zwischen Werk und Urheber mit. So trifft man heutzutage sehr häufig auf die Erwartung, Designer müssten sich richtig positionieren und sich eine geeignete Haltung x aneignen, die sich in ihrem Schaffen verkörpert und die somit in dem jeweiligen Artefakt ablesbar wird.

x
Tugendethik
Tugenden sind Lebenshaltungen, die in moralischen Gemeinschaften eingeübt werden und die Antworten auf die Frage bieten, wie jemand als Einzelner und als Angehöriger einer Gruppe im Kontext gesellschaftlicher Praxis leben sollte.

x
Haltung
Hierunter wird die Verkörperung von moralischen wie ästhetischen Überzeugungen verstanden, die eine Person und ihre subjektive Motivation charakterisieren: Tugenden, Wesensmerkmale und Eigenschaften, die die Lebenshaltung prägen und die zum Teil gestaltbar sind.

Offenbar hält man es für möglich, dass in die Formgebung die Geisteshaltung des Designers einfließt. Man geht davon aus, dass sich Tugenden wie Laster des Urhebers in einem Artefakt manifestieren. Aber vielleicht ist mit der Rede vom „ehrlichen Design" noch etwas ganz anderes gemeint. Vielleicht handelt es sich um eine Abschätzung, welche Konsequenzen der Umgang mit einem Designartefakt zeitigen kann. Der Gebrauch eines Produkts provoziert bei dessen Nutzer womöglich bestimmte Einstellungen und Werthaltungen, die sich durch den fortgesetzten Gebrauch verfestigen. Im Angelsächsischen spricht man hier von „Values in Design"[6].

Ein zweiter Ethiktyp trägt den Namen konsequentialistische Ethik x. Konsequentialisten richten die Aufmerksamkeit nämlich vor allem auf die Handlungsfolgen. Utilitaristen spezifizieren dies, indem sie den erwartbaren Nutzen oder Schaden einer Handlung erwägen. Die Grundidee ist: Ob etwas im moralischen Sinne richtig oder falsch ist, hängt in der konsequentialistischen Ethik weniger davon ab, welche Haltung oder Einstellung eine Designerin oder Designer einnimmt, als vielmehr davon, welche Folgen ihr Handeln faktisch mit sich bringt. Konsequentialisten

x
Konsequentialistische Ethik
Der Konsequentialismus hebt auf bessere Weltzustände ab, die von ethischen Akteuren anzustreben sind. Die Akteure haben die Richtigkeit von Handlungen aufgrund der Folgen ihrer Handlungen normativ zu bewerten und den maximalen Nutzen anzustreben.

suchen nach objektiven Kriterien, um mögliche oder erwartbare Zustände in der Welt zu bewerten, die wir handelnd herbeiführen. Einen konsequentialistisch orientierten Ethiker würde im Kontext des Kommunikationsdesigns zum Beispiel interessieren, wie gute oder bessere Weltzustände aussähen und wie sie durch bestimmte designerische Handlungen (etwa durch geeignete Kampagnen oder Werbemaßnahmen) erreicht werden können. Derartige Erwägungen erscheinen im Kontext der Entwurfspraxis deswegen besonders sinnvoll, als es hier um die Einschätzung geht, welche Handlungsoptionen späteren Konsumenten eröffnet oder verschlossen werden.

Was genau als potenzieller Schaden oder Nutzen gilt, ist naturgemäß eine Frage, die innerhalb der Philosophie eigens diskutiert wird. Wir sollten hier aber vielleicht weniger versuchen, Nutzen und Schaden auf genau einen Maßstab herunterzubrechen. Sinnvoller scheint es, jeweils von einem konkreten Handlungs- und Gestaltungskontext auszugehen und diesen in seinen Besonderheiten zu betrachten.

Auf einen dritten wichtigen Aspekt, neben den ethischen Charaktereigenschaften (den Tugenden) und Handlungsfolgen, kommen Deontologen [x] bzw. Pflichtenethiker zu sprechen. Für sie steht der Umstand im Fokus, dass wir Menschen für diejenigen Handlungen verantwortlich sind, die wir absichtlich vollzogen haben. Aus pflichtenethischer Perspektive sind wir selbst noch für das verantwortlich, was wir im Vorfeld einer Handlung hätten wissen können und sollen. Eine deontologisch inspirierte Designethik verfolgt das Ziel zu bestimmen, was die Pflichten sind, die Designern als professionellen Akteuren zukommen. Und zwar nicht nur gegenüber ihren Kundinnen und Kunden, gegenüber denen sie als Dienstleister vertragsrechtliche Pflichten erfüllen müssen, sondern eben auch dem Publikum, den potenziellen Käufern und Nutzern – vielleicht sogar der Menschheit gegenüber. Darunter fällt beispielsweise die Pflicht, nicht zu täuschen oder zu betrügen. Sind Designer in diesem Sinn ihrer Pflicht nachgekommen, können ihre Arbeitsresultate aus deontologischer Perspektive mit dem Gütesiegel des „ehrlichen Designs“ ausgezeichnet werden; dazu mehr im Kapitel über „Max Bill und die ‚gute Form‘“.

x
Deontologie
Auch: ethische Sollenslehre. Beruht auf der Idee, dass die moralische Qualität und Richtigkeit einer Handlung aus der Verpflichtung gegenüber bestimmten Geboten oder bindenden Regeln erwächst.

Tugendethiker, Konsequentialisten und Deontologen rücken also drei mögliche Aspekte unseres Handelns in den Blick, die für die ethische Bewertung von Handlungen in unterschiedlicher Weise relevant sein können. Auf keine der damit aufgemachten Bewertungsperspektiven sollte man vorschnell verzichten. Auch nicht als Moralskeptiker, der glauben möchte, dass die Frage des richtigen Handelns letztlich durch die Kunden und Konsumenten selbst beantwortet wird. Gemäß dem Entlastungsargument „Am Ende entscheidet der Kunde am besten selbst" wird in einer amoralischen Spielart die Verantwortung für das eigene Designhandeln auf die Seite derer gebucht, die von ihrem freien Willen durch eine Kaufentscheidung Gebrauch machen.

Angesichts dieser drei ethischen Grundtypen wird deutlich, dass die ethische Grundfrage „Was soll ich tun?" nicht nur in drei verschiedene Richtungen ausgelegt werden kann, sondern eine ganze Reihe von Anschlussfragen mit sich bringt. Diese Komplexität ethischer Probleme wird uns in den weiteren Kapiteln dieses Buches immer wieder begegnen. Wo es um ethische Fragen geht, geht es nicht isoliert um Pflichten, Haltungen oder den potenziellen Nutzen gestalterischen Handelns. Vielmehr spielen all diese Aspekte auf je eigene Art und Weise ineinander.

Die designhistorisch bedeutsamen Persönlichkeiten oder Strömungen, die in den folgenden Abschnitten auftreten werden, machen zudem deutlich, dass es keine Patentlösungen oder einfache Rezepte für die Lösung moralischer Probleme gibt. So hat bereits Aristoteles [x] in seiner *Nikomachischen Ethik* [x] darauf hingewiesen, dass die Moralphilosophie nur bis zu einem gewissen Grad der Allgemeinheit Orientierung bieten kann. Darüber hinaus muss jeder moralische Akteur sich selbst seiner moralischen Urteilskraft bedienen und versuchen, die Entscheidungen, die sie oder er fällt, so gut es geht, zu begründen oder zu rechtfertigen. Anders gesagt: Wir sollten immer dann skeptisch sein, wenn uns irgendjemand moralische Patentlösungen in Aussicht stellt. Trotzdem wird es am Ende dieses Buches so etwas wie eine Checkliste geben, die einige Quintessenzen aus unserer Betrachtung bietet.

x
Aristoteles
384–322 v. Chr.
Platons Schüler, gilt als der Begründer von wissenschaftlichen Disziplinen wie der Poetik, der Wissenschaftstheorie, der Naturphilosophie, der Logik wie auch der Ethik.

x
Nikomachische Ethik
Die erste wissenschaftlich begründete Ethik. In ihr werden die menschlichen Tugenden und Glücksmöglichkeiten untersucht und eine Lehre der klugen Wahl entfaltet.

Gibt es spezifische Tugenden für Designer?

Die erste systematische Untersuchung, die die Bezeichnung Ethik verdient, ist die *Nikomachische Ethik*. Ihr Autor Aristoteles hat sie als die „Wissenschaft vom menschlichen Leben“[7] (Buch X) definiert und der Lehre von der Politik zur Seite gestellt. In Ethik wie Politik geht es um den theoretischen wie praktischen Umgang mit Normen wie etwa Gerechtigkeit und Gleichheit. Sinn und Zweck der Ethik ist es, Normen überhaupt erst zu erarbeiten und zu begründen. Von der Moral grenzt sich die Ethik durch die Reflexionsarbeit ab, die darin besteht zu untersuchen, ob die in einer Gesellschaft oder in einem Staat vertretenen Werte, Ideale und Normen überhaupt wohlbegründet sind. Da die Ethik als Wissenschaft angetreten ist, ist Widerspruchsfreiheit im Falle von ethischen Argumenten wichtig, obschon die Lebenspraxis selbst selten widerspruchsfrei ist. Lieben und Arbeiten sind mit Konflikten behaftet.

In modernen freiheitlichen Gesellschaften haben sich bestimmte Werte eingebürgert, die bei den Individuen Widersprüche und Zielkonflikte erzeugen. So wird von uns Zeitgenossen erwartet, dass wir bei der Arbeit möglichst zielstrebig, wettbewerbsorientiert und vernünftig sind.
In der Freizeit wiederum sollen wir voller Fürsorge, Rücksichtnahme und Empathie agieren. Es werden also je nach sozialem Kontext unterschiedliche Ideal- und Praxisnormen abgerufen. Ideale Normen sind jene Prinzipien, die von „*idealen* Akteur[en]“ verwirklicht werden und „Praxisnormen“ wiederum jene, die „für nicht-ideale Akteure gelten“.[8] Wir sind gut beraten, diese Unterscheidung im Alltag zu beherzigen. Sie hilft uns, besser zu verstehen, worüber wir reden und worüber wir mitunter in Streit geraten.

Ideale sind wie unerreichbare Leitbilder, die wir zur Orientierung benötigen. Ohne sie, wie Kant ungewohnt poetisch formulierte, ohne den „bestirnte[n] Himmel über mir“[9], würden wir Schwierigkeiten haben, unsere Handlungen angemessen zu koordinieren. Durch die Berufung auf Idealvorstellungen der Gerechtigkeit können Personen durchaus unterschiedliche Assoziationen, Intuitionen und innere Bilder aufrufen. Wenn es darum geht, Gerechtigkeit konkret durchzusetzen, sind die Personen auf die

Verinnerlichung passender moralischer Regeln angewiesen. Aber moralische Regeln funktionieren nicht wie Regeln im technischen Kontext. Wer als Designer für Gerechtigkeit einstehen möchte, wird nicht einfach auf eine sogenannte „Durchführungsregel“[10] zurückgreifen können. Stattdessen wird es im jeweiligen sozialen Kontext darum gehen, sich ganz persönlich mit dem Einüben eines tugendhaften Verhaltens befassen zu müssen, das das Individuum in die Lage versetzt, gerechter zu werden. Denn Gerechtsein ist nicht etwas, was man wie einen Programmcode oder wie einen Algorithmus *vorschreiben* oder *einstellen* kann; obschon die Tugendpraxis der Gerechtigkeit [x] gewiss viel mit Vorschriften und Grundeinstellungen zu tun hat. Man spricht dann gerne von moralischen Einstellungen, die oft genug die Frucht sozialer Existenzbedingungen wie Alter, Geschlecht, Beruf, Weltanschauung, Religionszugehörigkeit etc. sind.

x
Gerechtigkeit
Gilt kulturübergreifend als eine Grundnorm menschlicher Koexistenz, die in der antiken Philosophie als individuelle Tugend aufgefasst wurde, heutzutage aber vor allem als Maßstab für das Gelingen sozialer, politischer wie rechtlicher Praxis angesehen wird.

Im Alltag bewähren sich die Einzelnen als ganze Personen mit ihren Befähigungen und Charaktereigenschaften. Sie versuchen durch ein mehr oder minder tugendhaftes Handeln im Öffentlichen, ein gelingendes Leben zu führen. Doch welche Tugenden benötigen Designer im Rahmen ihrer beruflichen Existenz eigentlich? Ein Beispiel: Die Designprofessorin und Kommunikationsdesignerin Judith Grieshaber nimmt in einem Interview Stellung zu der Arbeitsweise von Frauen in der Designbranche:

> „Frauen müssen in Designberufen einige der Tugenden an den Tag legen, die gemeinhin eher Männern zugeschrieben werden: Frauen müssen ‚tough‘ sein, müssen sich durchsetzen können und auch schon einmal Ellenbogen ausfahren, sie brauchen ein dickes Fell, müssen einstecken und notfalls auch austeilen können. Eine Frau, die das so gar nicht kann, wird schwerlich an die Spitze vorstoßen, da darf man sich nichts vormachen. Selbstverständlich helfen auch die Tugenden, die gemeinhin eher Frauen zugeschrieben werden, also hohe soziale und kommunikative Kompetenzen wie Einfühlungsvermögen, zuhören und sich auf ein Gegenüber einstellen zu können. Doch weibliche Mimosen machen im Design genauso wenig Karriere wie männliche Weicheier.“[11]

Dieses Statement ruft das Bild einer streitbaren Akteurin hervor, die den alltäglichen Kampf um Anerkennung aufnimmt. Viele Leute in der Gestaltungsbranche streben nach geschäftlichem und gesellschaftlichem Erfolg. Respekt und Anerkennung verdient man sich durch Arbeitsleistung. Arbeitsleistung ist ein dermaßen hohes Gut, dass wir ihr viele Aspekte unseres Lebens unterordnen. Doch ist es vor diesem Hintergrund überhaupt möglich, als Designer oder Designerin eine tugendhafte Lebensführung zu etablieren?

Entscheidend scheint zu sein, um welche Tugenden es sich handeln soll. Am Zitat können wir ablesen, dass es Tugenden gibt, die keinen besonderen moralischen Wert aufweisen müssen, sondern die lediglich als „Befähigungen zur konstruktiven Teilnahme an gesellschaftlichen ‚practices'“[12] dienen. Zwar ist die Befähigung zur Durchsetzung partikularer Interessen geboten, um beruflichen Erfolg haben zu können. Doch handelt es sich bei diesem Erfolg um eine Voraussetzung für ein gutes und gelingendes Leben? Uns beschleicht ein ambivalentes Gefühl bei dieser Frage. Gehen wir diesem Gefühl nach: Denn Gefühle sind durchaus wichtige Indikatoren in der Ethik, zumindest im Falle von eudämonistischen Konzepten.

Eine eudämonistische Ethik [x] fragt gezielt danach, welche Güter und Voraussetzungen für uns nötig sind, damit wir persönlich ein gutes und gelingendes Leben führen können. Menschen setzen sich Ziele wie Fernreisen, sie träumen von emotionaler Befriedigung in Partnerschaften, sie suchen Erfüllung in Berufen. In all dem suchen sie ihre Eudämonie, ihr persönliches Glück. Die Ethik wiederum thematisiert „eudämonistische Werte“, d.h., sie untersucht die „letzten Zwecke und Werte“, die Menschen anstreben und die „das eigene gute oder glückliche Leben“ betreffen.[13]

x
Eudämonistische Ethik
Eudämonie setzt sich aus „eu“ = gut und „daimon“ = Geist zusammen, bezeichnet in der antiken Philosophie die Lehre von der Glückseligkeit. Laut Aristoteles ist ein glückliches Leben immer auch ein tugendhaftes Leben.

Ein Tugendethiker wie Aristoteles ist davon ausgegangen, dass bestimmte Grundhaltungen und verinnerlichte Einstellungen – eben Tugenden – notwendig sind, damit ein Individuum ein lebenswertes Leben führen kann. Über Gefühle sind wir als Individuen mit anderen Individuen verknüpft. Die Quellen für ein gutes und gelingendes Leben sind also in individuellen Tugenden wie auch in intersubjektiven Beziehungen zu suchen. Glück und Unglück unseres

Lebens werden davon mitbestimmt, welche Tugenden wir in Arbeitsbeziehungen, Freund- und Partnerschaften einfließen lassen. Die Herausforderung einer eudämonistischen Ethik besteht darin, dass in einem konventionellen Sinn kein verallgemeinerbares Patentrezept für ein gutes Leben existiert. Da dem so ist, gibt es Heerscharen von Lebensberatern, Werbe-, Marketing- und PR-Spezialisten, die den Leuten eintrichtern, wie das gute Leben auszusehen habe. Die Vertreter der Werbebranche reklamieren förmlich mit ihren attraktiven Angeboten eine Anschauung dessen, was die Welt der Waren an guten Gaben bereithält. Aber sind diese Akteure wirklich glaubwürdige Anwälte für das gute Leben? Oder besteht das Marketingpersonal nicht eher aus Fachleuten für das „Anfixen" [14] einer Kundschaft, die mit Glücksversprechen geködert, dann aber immer wieder aufs Neue in ihr Unglück entlassen wird?

Eine Vielzahl von Kommunikationsleistungen bespielt im Grunde auf unphilosophische Weise das eudämonistische Feld. Die Angaben für Jung und Alt in den entsprechenden Zeitschriften bestechen durch praktische Hilfestellungen, die als ungemein nützlich beworben werden. So entsteht ein Bild vom Menschen, der Schritt für Schritt durch Kniffe und Tricks und unter Einsatz einer Vielzahl kostenträchtiger Hilfsmittel sein Leben bewältigt. Doch das ist nicht gemeint mit Tugendethiken, die sich vor allem dadurch von alternativen Theorien abheben, dass sie nicht nur einzelne Handlungen auf ihre moralische Güte beurteilen wollen, sondern die Lebensführung des moralischen Akteurs als Ganzes und in seinen individuellen Details in die ethische Betrachtung einzubeziehen versuchen. Es geht also um die Lebensführung insgesamt. Nicht die Einzelhandlungen sind entscheidend, sondern das gesamte Leben als ein beständiger Bildungs- und Reifungsprozess.

Dies ist das Besondere am tugendethischen Zugang: Er hebt nicht wie etwa die Pflichtenethik darauf ab, dass wir einen überpersönlichen Standpunkt einnehmen, von dem aus moralische Probleme allgemein bestimmbar und lösbar wären. Vielmehr geht es um die eigene Persönlichkeit, die auf anspruchsvolle Ziele hin weiterentwickelt wird. Im Rahmen einer Tugendethik geht es um die Stellung der eigenen Person im Hinblick auf eine Welt, die uns mit objektiven Gegebenheiten konfrontiert, wozu auch moralisch relevante Tatsachen zählen können. Zum Ausprägen von Tugenden gehört auch, sich eine halbwegs geordnete Welt vorstellen zu können. Denn ohne eine Welt, die uns Orientierung bietet, ergäbe es keinen Sinn, sich selbst Ziele zu setzen.

Insbesondere im politischen Raum müssen die Tugenden gut aufeinander abgestimmt sein, um ein sinnvolles, harmonisches, weil gerechtes Ganzes zu ergeben. Diese Idee gilt nicht exklusiv für den Bereich der politischen Philosophie. Man kann sie in die Sprache der Sozialethik ˣ übersetzen und sich fragen, welche Aussicht in Zeiten des schrankenlosen Individualismus besteht, eine gerechte Gesellschaft aufzubauen. Heutzutage wird meistens so argumentiert, dass, wenn die Individuen sich um eine gerechte Lebensführung bemühen, Aussicht besteht, dass auch das Ganze gerecht wird. Diese Ansicht verkennt allerdings den Umstand, dass ein Einzelwesen wahrscheinlich nur dann ein gutes Leben führen kann, wenn das Gemeinwesen und der Gemeinsinn bei den Individuen entsprechend stark ausgebildet und gesellschaftliche Antagonismen überwunden sind.

x
Sozialethik
Untersucht als eine angewandte Ethik die gesellschaftlichen Voraussetzungen und Normen für eine gute Sozialordnung und steht im Gegensatz zur Individualethik. Sie betrachtet Menschen als soziale Lebewesen.

Platon ˣ ging davon aus, dass je nach Lebens- und Betätigungsbereich unterschiedliche Tugenden und Tüchtigkeiten für das Gemeinwesen wichtig sind. Der Handwerker hat sein eigenes Maß an artistischer Tüchtigkeit, der Soldat bewährt sich im Sinne der Tugend der Tapferkeit, der Stratege findet ein gutes Maß zwischen Wagemut und Klugheit. Jedes Tätigkeitsfeld hat eine eigene „areté“, also eine Weise, die beste Form in der Praxis auszuprägen. Dies lehrt uns: Es gibt nicht ein Gutes, sondern viele Güter.

x
Platon
428/27–348/47 v. Chr.
Gründer der Akademie in Athen, der in seiner Ideenlehre annahm, dass es drei Ideen gibt: das Gute, das Wahre und das Schöne, die alles wahrhaft Seiende prägen.

Für unseren Handlungs- und Reflexionsbereich bedeutet dies, herauszufinden, welche Tugenden und „individuelle[n] Vollkommenheiten in wichtigen menschlichen Funktionsbereichen“[15] Designer in der gegenwärtigen Gesellschaft realisieren sollten: Sind sie vielleicht bereits auf bestimmte sozialethisch relevante Tugenden geeicht oder verpflichtet? Wenn ja, was könnte man als eine typische Gestaltertugend erachten, die von anderen Personen explizit und zu Recht Wertschätzung erfährt? Ist es zum Beispiel die Handlungserwartung, dass es sich bei im Designberuf Tätigen um außergewöhnlich kreative Personen handelt, die Probleme auf eine Weise lösen können, die anderen Menschen nicht zur Verfügung steht? Ist es nicht diese Eigenschaft, die Designer vor anderen auszeichnet und ihnen Anerkennung beschert? Angenommen, dem wäre tatsächlich so und die wirtschaftlich Selbstständigen (Freelancer und Soloselbstständige) wären zugleich die moralisch Selbstständigen, und weiterhin angenommen, diese Person sei eine robuste Vertreterin der Idee der Selbstverwirklichung, die gemäß der modernen Entwicklungspsychologie den Gipfel individueller Bedürfnisbefriedigung darstellt. Wie ist es bei dieser Person mit der moralischen Entwicklung bestellt? Hat sie die volle moralische Reife erlangt, wenn sie zum Beispiel in ihrem Handeln dafür sorgt, dass sie sich ganz und gar Idealen verpflichtet, wie etwa dem Geist der Menschenrechte?

Ist man dann in einem tugendethischen Sinn eine gute Designerin oder ein guter Designer, wenn man die Inhalte der Allgemeinen Menschenrechtsdeklaration wiedergeben kann und in diesem Sinne entsprechende Kampagnen für globale tätige NGOs gestaltet, die den Geist der Menschenrechte atmen? – Ein Tugendethiker kann dazu weder Ja noch Nein sagen. In der Tugendethik geht es wirklich um die individualethische Haltung, die naturgemäß im Spannungsfeld zu sozialethischen Maximen steht. Die Tugendethik betrachtet die Alltagspraxis des Individuums, das ein Leben lang seine moralische Zuverlässigkeit unter Beweis stellen muss. An der punktuellen Trefflichkeit wie auch an ihrer Lern- und Bildungsfähigkeit wird man die Person messen müssen. Man nennt dies die notwendige moralische Reife.

Laut Aristoteles besteht eine wesentliche Aufgabe der Menschen darin, in einem bestimmten Betätigungsfeld ihr individuelles Glück zu finden. Insofern ist seine eudämonistische Lehre individualethisch orientiert. Für viele liegt das Glück in einer sinnstiftenden beruflichen Tätigkeit. Macht man seinen Job richtig gut, besteht Aussicht auf Glückseligkeit (griech.: „eudaimonia“). Neben der beruflichen Erfüllung, die individuell bewerkstelligt werden sollte, ist der Mensch aber auch ein bedürftiges Lebewesen, wie es Anthropologen nennen, d.h., wir sind als Menschen von einer grundsätzlichen Bedürftigkeit (griech.: „chreia") bestimmt. Aufgrund unserer Bedürftigkeit wird verständlich, warum Aristoteles davon ausgehen konnte, dass Ethik und Politik gleich ursprünglich sind. Sie sind Ausfluss der anthropologischen Bestimmung des Menschen als einem „zoon politikon" x[16] Wir sind als bedürftige Individuen eben nicht imstande, unser Leben allein zu erhalten. Daher sind wir angewiesen auf Vergesellschaftung, die aber in ihrer alltäglichen Praxis nur dann gelingen kann, wenn wir unser Zusammenleben durch ein Set allgemeingültiger Normen und Prinzipien regeln.

x
„zoon politikon"
Bestimmung des Menschen als ein politisches Lebewesen, das sich in politischen Gemeinschaften vergesellschaftet.

Die grundlegendsten Regeln nehmen wir über die Hausgemeinschaft (den „oikos") auf, die wir traditionellerweise Familie nennen. Was wir als Ökonomie bezeichnen, ist nichts anderes als „das geregelte Wirtschaften".[17] Die Grundregel des Wirtschaftens ist die aus der Bedürftigkeit des Menschen erwachsende Arbeitsteilung, die innerhalb des oikos hierarchisch geordnet ist. Sinn und Zweck dieser Aufteilung ist die Erhaltung der Hausgemeinschaft. Aber der Haushalt und seine Führung ist beileibe nicht die eigentliche Bestimmung des Menschen. Diese Aussage hat Bedeutung für eine feministische Ethik x.

x
Feministische Ethik
Untersucht die Rolle der Geschlechter für den Aufbau der Sozialordnung, beleuchtet die Gründe für die Ausgrenzung von Frauen aus der politischen Wirkungssphäre und dekonstruiert als typisch weiblich geltende Handlungsmodelle.

Der Mensch solle im günstigen Fall seine individuellen Vorzüge und Tüchtigkeiten unter Beweis stellen. Die Entfaltung der je eigenen Bestform entsteht nicht dadurch, dass man sich – mehr oder minder sklavisch – um die schiere Selbsterhaltung und Reproduktion des Familienverbands kümmert. Zur persönlichen Bestform gelangen wir nicht im festgezurrten Rahmen der Ökonomie, sondern indem wir uns als freie und möglichst selbstständige Lebewesen betätigen, uns im öffentlichen Leben bewähren und dort mit der Möglichkeit des „öffentlichen Glücks" x[18], befassen.

x
Öffentliches Glück
Das öffentliche Glück ist laut Antonio Genovesi relationaler Natur: Es entsteht durch ein Interesse am Gemeinwohl und aus Individuen, die begriffen haben, dass man nur gemeinsam glücklich sein kann.

Übertragen auf Designer könnte dies bedeuten, dass sie das Glück kennen, im Rahmen ihrer Werktätigkeit hohe Freiheitsgrade zu genießen. Viele von ihnen streben nach Aufgaben, die weit über das Maß der Selbsterhaltung hinauszielen. Im Sinne eines guten und gelingenden Lebens tun sie einerseits gut daran, sich in tugendethischer Hinsicht zu fragen, welche Handlungen bei ihnen ein möglichst dauerhaftes Glück bewirken können; dazu ist es hilfreich, Regeln der Sittlichkeit zu beherzigen. Andererseits streben sie hoffentlich nach einem Ziel (altgriech.: „telos") oder Zweck, das oder der die eigene seelische Betätigung herausfordert.

Viele Aspekte unseres Lebens weisen seelische Aspekte auf, die für unser Wohlbefinden wie auch für das Wohl anderer Personen wichtig sind. Zu denken ist an Tugenden wie Hilfsbereitschaft, Aufrichtigkeit, Beharrlichkeit und die Sorge um sich selbst. Diese Tugenden sehen sich mit gegenläufigen Neigungen in uns und außerhalb von uns konfrontiert, Regungen der Verschwendung, des Großtuns oder der körperlichen wie seelischen Trägheit. Unser Lebensglück als Individuen wie als soziale und politische Akteure hängt davon ab, inwiefern wir durch konkrete Bemühungen unsere Tugenden und Laster in eine sowohl individuell zuträgliche wie auch sozialverträgliche Balance bringen. Indem wir uns dieser Aufgabe bewusst sind und in schöner Regelmäßigkeit in unserer eigenwilligen Tugendpraxis einüben, bauen wir ein „ethos"[19] auf: Ethos x bezeichnet das, was wir für gewöhnlich machen, weil es uns zu einer (hoffentlich) guten Gewohnheit geworden ist. Und was sind die guten Gewohnheiten des Designers, was macht sie und andere glücklich – etwa der Sinn für das Außergewöhnliche?

x
Ethos
Das aus dem Altgriechischen stammende Wort ἔθος bedeutet ursprünglich Sitte, Brauch und Gewohnheit und bezeichnet heutzutage das ethische Bewusstsein einer Person, die sich verpflichtet fühlt, bestimmte Verantwortlichkeiten zu übernehmen.

Bei allem Sinn für das Extraordinäre werden sich Designer doch in das Gemeinwesen einfügen müssen. Sie können sich nicht dauerhaft über die ihnen auferlegten Pflichten hinwegsetzen, ohne Sanktionen oder empfindliche Einschränkungen ihrer Glücksmöglichkeiten dulden zu müssen. Deshalb wird eine tugendhafte Lebensführung unumgänglich sein, um sich einerseits selbst als ein moralisches Lebewesen zu erfahren, das sich kraft seiner ihm innewohnenden Moralität seine Würde erhält und Selbstachtung verdient; dies ist die Linie, die Kant im Rahmen seiner Tugendlehre vertritt. Und andererseits ist kaum einer von uns so autark, dass die eigenen Glücksmöglichkeiten nicht in hohem Maße von den Lebensbedingungen in einem Gemeinwesen oder staatlichen Gebilde abhängen würden. Auf diesen Aspekt unserer sozialen Existenz verweist Georg Wilhelm Friedrich Hegel x im Rahmen seiner *Grundlinien der Philosophie des Rechts*:

x
Georg Friedrich Wilhelm Hegel 1770–1831
Deutscher Philosoph, der mit seinem philosophischen System eine umfassende Darstellung aller philosophischen Teildisziplinen wagte, die in sich Rechts-, Natur- und Geschichtsphilosophie, Logik sowie eine Philosophie des Geistes integrierte.

„*Was* der Mensch tun müsse, *welches* die Pflichten sind, die er zu erfüllen hat, um tugendhaft zu sein, ist in einem sittlichen Gemeinwesen leicht zu sagen, – es ist nichts anderes von ihm zu tun, als was ihm in seinen Verhältnissen vorgezeichnet, ausgesprochen und bekannt ist“ [20].

Was Hegel uns zu verstehen gibt, ist etwas durchaus Ambivalentes: Individuelle Tugendhaftigkeit sollte nicht losgelöst von den rechtlichen, politischen und sozialen Rahmenbedingungen betrachtet werden. Diese Voraussetzungen, die in einer Kommune oder einer Nation gegeben sind, schränken die Entfaltung von Tugenden entweder ein oder sind für die Weiterentwicklung des Individuums förderlich. Es gibt geschichtliche Situationen, in denen es den Menschen schwer gemacht wird, ihre eigenen moralischen Maximen [x] zu leben. Oft sind dies jene Phasen der Geschichte, in denen sich das Unrecht als feste staatliche Ordnung etabliert. So haben es der Faschismus wie auch der real existierende Sozialismus im 20. Jahrhundert den Einzelnen schwer gemacht, gemäß der Stimme des eigenen Gewissens zu handeln. Ideologen scheuen nicht davor zurück, selbst noch das Gemeinwohl zu bemühen, um Menschen radikal zu instrumentalisieren. Sie haben dafür gesorgt, dass die dogmatischen und fundamentalistischen Setzungen von Parteien und ihrer Kader Gesetzeskraft angenommen haben und die Bürger im Alltag den Unterschied zwischen dem, was legal und dem, was legitim ist, immer schlechter haben treffen können.
Vor dem Hintergrund des verbrecherischen NS-Regimes hat Gustav Radbruch [x] dafür den Ausdruck „gesetzliches Unrecht“ [21] geschaffen. Unter bestimmten historischen Bedingungen ist es Menschen in geringfügigerem Maße vergönnt, jene Tugenden zu verwirklichen, die nötig sind, um in Achtung vor dem Gesetz / Sittengesetz wie auch in Selbstachtung und Würde leben zu können.

x
Maximen
Allgemeingültige moralische Grundsätze, die als subjektive Handlungsregeln angewandt werden sollen. Die Allgemeinheit des Grundsatzes garantiert, dass er für alle Vernunftwesen annehmbar ist.

x
Gustav Radbruch 1878–1949
Deutscher Staatstheoretiker, Rechtsphilosoph und Begründer der sogenannten „Radbruch'schen Formel“, die den Konflikt zwischen dem Prinzip der Gerechtigkeit und dem positiven Recht thematisiert, da bestehendes Recht selbst „unerträglich ungerecht“ werden kann.

Daher sollte es das erklärte Ziel aller Bürger im Einzugsgebiet des Grundgesetzes sein, das Versprechen, das mit Artikel 1 gegeben ist, „Die Würde des Menschen ist unantastbar“, auch einzulösen. Man sollte sich bewusst machen, dass es dazu der alltäglichen Aufmerksamkeit für die öffentlichen Belange ebenso bedarf wie eine gewisse Sensitivität für die Lebensfristungsbedingungen der „fellow citizens“.

Es reicht auch für Designerinnen und Designer nicht, einfach ein tugendhafter Mensch zu sein. Man muss sich schon auch bewusst informiert und orientiert halten, da ansonsten die Gefahr bestünde, dass man allzu sehr lediglich den eigenen Charakter und das Eigeninteresse im Blick behält. Wenn wir nicht die Belange anderer in den Blick nehmen, übersehen wir etwas Wesentliches: Was würde es denn helfen, wenn ich mich ehrgeizig oder mutig für eine Sache engagierte, die sich dann aber als moralisch verwerflich entpuppte? Auch das Gegenteil ist möglich: Menschen werden im Namen eines angeblichen Gemeinwohls manipuliert, ihre wohlverstandenen persönlichen Belange preiszugeben – etwa für das große nationale Opfer. Gerade vor der Folie historischen Scheiterns großer kollektiver Pläne ist daher Vorsicht geboten, Tugenden per se zu stark zu idealisieren.

Schon bevor industriell gefertigtes Design zu einem integralen Bestandteil moderner Gesellschaften geworden ist, gab es verschiedene Gruppen, die sich aufgrund ihrer weltanschaulichen Orientierung oder ihres religiösen Glaubens eine bestimmte Lebensform verordnet haben. Sie haben damit den Weg geebnet für Werthaltungen und Tugendprogramme, die kurze Zeit später in designerisches Handeln eingeflossen sind.

Religiöse und ethische Lebensweisen am Beispiel der Kunst der Shaker

Für die Bevölkerung des 19. Jahrhunderts stellt die erste industrielle Revolution ein ungeheures Ereignis dar. Es findet eine permanente Revolution der Lebens-, Eigentums- und Besitzverhältnisse statt. Für die Fabrikinhaber, Reedereien und Eisenbahngesellschaften sollte es ein goldenes Zeitalter werden. Der unbändige Erwerbstrieb wird kennzeichnend für eine Bourgeoisie, die von dem beständigen Wirtschaftswachstum und der industriellen Expansion profitiert. Die gleichzeitig eintretende soziale Misere des Industrieproletariats ist der Preis für diesen Entwicklungsschub. Der Lebensstandard für die meisten Lohnarbeiter verbessert sich im 19. Jahrhundert nicht.[22] Zur gleichen Zeit entstehen auch in Deutschland industrielle Zentren wie etwa Krefeld und Elberfeld. Ein berühmter Sohn dieser Stadt entstammt einer Tuchfabrik, Friedrich Engels [x]. Er hatte in England die Versehrungen durch extensive Industrien und die Folgen für Mensch, Tier und Landschaft beobachtet. In einem Reisebericht beschreibt er die *Lage der arbeitenden Klasse in England* (1848). Er schildert Orte, deren Flüsse pechschwarz sind von den industriellen Schlacken, dem Schmutz zwischen den unwirtlichen Häusern und der von Abgasen getränkten Luft.

x
Friedrich Engels
1820–1895
Deutscher Philosoph, Revolutions- und Gesellschaftstheoretiker, der gemeinsam mit Karl Marx das „Kommunistische Manifest" schrieb.

Angesichts des Massenelends ist es nicht überraschend, dass sich immer mehr Menschen für die Überfahrt in die Neue Welt entscheiden. Dort werden Arbeitskräfte gebraucht. Es emigrieren auch religiös orientierte, meist reformierte Gruppen und siedeln sich in den USA an. Schon gegen Ende des 18. Jahrhunderts haben sich Sekten wie die Shaker [x] und Vertreter anderer charismatischer Freikirchen auf den Weg in die Neue Welt gemacht und dort ihre eigenen Siedlungen aufgebaut. Die Shaker wie die Quäker und Amish leben einen religiös geprägten Lebensstil. Die Shaker-Gemeinden praktizieren eine minutiös geregelte Lebensführung. Es gibt eine lange Liste von Gegenständen, die für Shaker nicht in Betracht kommen. Was sich verbietet, sind jeglicher Zierrat und unnütze Bemalungen an Alltagsgegenständen. Den Gemeindemitgliedern ist es untersagt, sich äußeren Eitelkeiten und überflüssigen Statussymbolen hinzugeben.

x
Shaker
Die Bezeichnung für die Mitglieder dieser christlichen Freikirche rührt von ihrem Gesang, dem rituellen Schütteln und Jauchzen her.

Diese Vorschriften führen zu einem streng rationalen Umgang mit Architektur, der Gestaltung der Interieurs und der Haushaltswaren. Der in Weiß gehaltene Hausbau, die säuberlich geordneten Alltagsgegenstände sind Ausdruck eines hochentwickelten Wertbewusstseins und einer selbstbewussten Kulturträgerschaft. Hier zeigt sich ein Amalgam aus handwerklichem Raffinement und Zweckmäßigkeit. In der Zeit nach dem Amerikanischen Bürgerkrieg entwickelten die Shaker ein Manufakturwesen, das durch die Produktion von Stühlen, vor allem von Schaukelstühlen, Berühmtheit erlangte.

Max Weber x hat in einer Studie zum Verhältnis von wirtschaftlicher Entwicklung und Religion derartige kulturelle Phänomene als eine asketische Praxis x beschrieben. Die sogenannte „innerweltliche Askese" ist eine Art von lebenslanger Übung, die einem gottesfürchtigen Leben Ausdruck verleiht. Ein „Shaker zu sein bedeutete, an einem von Gott inspirierten Experiment des sozialen Lebens teilzunehmen".[23] Dass ein Leben durch Askese eine Form annimmt, kennen wir aus der Athletik. Die religiöse Ausstattung eines Lebens kann Athleten der Entsagung hervorbringen, die auf materielle Güter praktisch keinen Wert legen. Anders die Shaker, die eine strenge Ordnung, Sorgfalt, Sauberkeit und Hygiene als Ausdruck eines gottgefälligen Lebenswandels anstreben.[24] Das religiös-mythologische Motiv der Reinigung entspricht im moralischen Sinn der Pflicht, richtig zu handeln, und im sittlichen Sinn der Aufgabe, in Liebe und Treue zu einer bestimmten Auffassung vom Guten zu leben und zu wirken.

x
Max Weber
1864–1920
Deutscher Soziologe, Jurist und Nationalökonom, von dem die Unterscheidung zwischen Gesinnungs- und Verantwortungsethik stammt.

x
Askese
Altgriechisch für „Übung", siehe das lateinische „exercitium" und das englische „exercise".

Im Nachhinein ist es überaus lehrreich zu sehen, dass die Mitglieder von Freikirchen in gewisser Weise Vorreiter für säkulare Lebensreform-Bewegungen waren. Auch wenn wir dies heute kaum mehr registrieren: Derartig rituell und kultisch organisierte Lebensgemeinschaften haben in der Moderne einen wesentlichen Beitrag dazu geleistet, ein starkes Normenverständnis in die ästhetische Wertsphäre hineinzutragen.

John Ruskin, William Morris und die Entstehung des Umweltbewusstseins

x
John Ruskin
1819–1900
Englischer Kunsthistoriker, Architekturtheoretiker, Sozialphilosoph und Maler, der in seinem sozialreformatorischen Werk die schädlichen Folgen des Kapitalismus und der Industrialisierung für Mensch und Umwelt kritisierte.

Wir befinden uns auf englischem Boden Mitte des 19. Jahrhunderts. Die Schornsteine von Manchester und Liverpool qualmen, die Eisenbahnlinien durchtrennen die Landschaft, William Turner malt die dampfenden Rosse. John Ruskin x verteidigt Turner, der eine Landschaft in rasender Auflösung auf die Leinwand bringt. Ruskin ist Englands bedeutendster Kunstkritiker, erster Professor für Kunst und Kunstpädagogik an der Universität von Oxford und Sozialphilosoph. Ein Leben lang schult er sein Sehen durch Malen und Zeichnen. Er erschließt sich alpine Naturschönheiten durch das Zeichnen. Auf Bildungsreisen verliebt er sich in Amiens und Venedig in die raue Schönheit der Gotik. Aus dem Blick für das Pittoreske und Ruinöse entwickelt er ein Kunstverständnis, das sich auf die „Beziehung zum Menschen“[25] fokussiert und zu einer Rangerhöhung des Alltäglichen in der Wahrnehmung führt. Ein Vorgang von nicht zu unterschätzender Bedeutung für die Entstehung des Designs.

Die Wechselwirkung zwischen den Menschen und der von ihnen gefertigten Dingwelt kommt in seiner Schrift *Die Steine von Venedig* (1851) zur Geltung. Ruskin denkt über den inneren Zusammenhang von geistigen und manuellen Fähigkeiten nach und wie sie beim Zeichnen zusammenwirken. Er beobachtet, dass Menschen wie „eine Maschine, ein lebendes Werkzeug“[26] funktionieren können. Ihm ist aber nicht wohl bei der Beobachtung, dass es zum Zeichnen eines perfekten Kreises einer Abrichtung durch Schulung bedarf. Eine Kunstpädagogik, die zur Konditionierung von humanoiden Zeichenautomaten führt, ist Ruskin ein Graus. Seine These ist, dass der Mensch nicht dafür geschaffen sei, die Präzision einer Maschine an den Tag zu legen. Er formuliert eine technikanthropologische x Grundthese: Das Vorhandensein präziser Werkzeuge wirkt auf den Menschen zurück.

x
Technikanthropologie
Geht von einer engen Verflechtung und Durchdringung der menschlichen wie der technischen Entwicklung aus. Ihr zufolge steht das Wesen des Menschen nicht fest, sondern ist unter dem Eindruck technischer Innovationen immer wieder aufs Neue zu bestimmen.

Er sieht die Gefahr, dass Technik zum Eichmaß für das wird, was man Menschen künftig abverlangen darf. Vom Kunsthandwerker wird entsprechend erwartet, dass er eine formvollendete Ornamentik bei der Herstellung der

Möbel an den Tag lege. Ruskin sieht im Zwang zur handwerklichen Perfektion ein „Zeichen einer in unserem England herrschenden Sklaverei“[27]. Mit Sklaverei meint er die Vorherrschaft der Arbeitsteilung. So ist eine Person mit dem Entwurf, eine andere mit dessen Ausführung betraut. Ruskin stellt fest, dass nicht die Arbeit, sondern die Arbeiter „in bloße Segmente von Menschen geteilt“ werden, „in kleine Bruchstücke und Krumen des Lebens“, sodass „das kleine Stückchen Intelligenz, das einem Menschen übrig gelassen ist“, nur noch dazu dient, „die Spitze einer Nadel“ zu fertigen.[28]

Diese Äußerung ist im wahrsten Sinne des Wortes eine Spitze gegen Adam Smiths [x] nationalökonomisches Hauptwerk *The Wealth of Nations*, dessen erstes Kapitel mit „The Division of Labor“ beginnt und von der tausendfach effizienteren Herstellung einer Nähnadel durch Fabrikarbeit handelt. Sie ersetzt nicht nur die Schmiedearbeit, sondern macht auch den Schmied, den Gesellen, den Lehrling samt anhängiger Familien überflüssig. Ruskins Kritik ist überaus aktuell, wenn man den Bezug zur Industrie 4.0 herstellt, in der die Intelligenz auf Industrieroboter übergeht und durch sie menschliche Arbeitskraft ersetzt wird. Seine Sozial- und Wirtschaftsethik kommt in Schriften und Vorträgen zur Sprache, die an Vertreter aller Klassen adressiert sind. An sie richtet er die Frage, „welche Arten von Arbeiten für Menschen gut sind, sie erheben und glücklich machen“.[29]

x
Adam Smith
1723–1790
Schottischer Nationalökonom und Moralphilosoph, berühmt geworden für seine *Theorie der ethischen Gefühle* (1759) und sein Buch *Wohlstand der Nationen* (1776).

Heute können wir sehen, dass diese Ideen des Kunsttheoretikers zu einer Auffassung von Gestaltung geführt haben, die wir als Design bezeichnen. Es handelt sich um eine Verbindung aus Kunst und Handwerk unter den Bedingungen der Industrialisierung. Angesichts dieser Entwicklung bringt der Autor das sozialemanzipatorische Verlangen zum Ausdruck, der Erniedrigung durch arbeitsteilige industrielle Fertigung ein neues Konzept von würdiger Werktätigkeit entgegenzusetzen. Dieser Angriff gegen das gesamte Maschinenwesen setzt als ein Ideal die Schaffung von Erzeugnissen, die sich „gesunder und adelnder Arbeit“ verdanken. Wir werden weiter unten bei der Behandlung des „First Things First“-Manifests von 1964 das Echo auf Ruskin vernehmen.

x
Natur
Dient als Gegenbegriff zur originär menschlichen Welt der Kultur und Technik und bezeichnet all jene wirklichen und wesentlich aus sich heraus entstehenden Dinge, die sich unabhängig vom Menschen entwickeln und organisieren.

Die Suche nach den Quellen der Gesundheit führt Ruskin zeit seines Lebens in die Natur ˣ. Dies hat ihm den Ruf eines Romantikers eingetragen. Die Romantiker entwickeln nicht nur einen Blick für das Naturschöne. Sie machen deutlich, dass die Natur mehr ist als Rohmaterial für die menschliche Bearbeitung. Sie ist ein für das menschliche Glück notwendiger Lebensraum. Deshalb empfiehlt Ruskin für die allgemeine Zeichen- und Designausbildung: „Das beste Studienzimmer ist meiner Meinung nach das schönste. Und eine ruhige Waldlichtung oder ein Plätzchen an einem Seeufer wiegen die Schulräume der Welt auf.“ [30] Ruskin verfolgt die Utopie einer nicht von Entfremdungserfahrungen deformierten Arbeitspraxis. Deshalb schart er eine Reihe von Menschen um sich, die für den Erhalt der natürlichen wie kultürlichen Vielfalt eintreten. Seine Zeitgenossen ermahnt er, den Reichtum kultureller Ressourcen sowie die natürliche Diversität nicht auf dem Altar des Maschinen- und Kapitalwesens zu opfern, denn dies führe zu einem massiv gestörten Stoffwechsel zwischen Mensch und Natur.

x
Ästhetische Erziehung
Fragt nach den pädagogischen Bedingungen eines gelingenden Menschseins, die in der Entfaltung sinnlicher und empfindungsmäßiger Vermögen liegen. Idealerweise soll die Sensibilisierung des Individuums auch der Verbesserung der Gesellschaft dienen.

Ruskin hält in seinen zahlreichen Vorträgen seinen Zuhörern, zu denen auch Industrielle gehören, die Zerstörung Englands vor, die nur durch eine konsequente ästhetische Erziehung ˣ zu kompensieren sei. In diesem Kontext fällt auch der Ausdruck „Design“. Dem Design fällt eine konkret utopische Funktion zu:

> „Design ist das Ergebnis gesammelter Beobachtungen und angenehmer Lebensumstände. Ohne Beobachtung und Erfahrung kein Design, ohne Frieden und befriedigende Beschäftigung kein Design – alle Vorträge, Lehren, Wettbewerbe der Welt sind sinnlos, solange Ihre Arbeiter nicht in glücklichen Umständen und umgeben von schönen Dingen leben.“ [31]

x
William Morris
1834–1896
Englischer Architekt, Maler, Drucker und Gründer des Arts & Craft Movement, der als politischer Autor Schriften im Geist einer sozialistischen Utopie verfasste und diese Gedanken auch in einer Vielzahl von Vorträgen verbreitete.

Einer seiner gelehrigsten Zuhörer ist William Morris ˣ. Mit dem Maler und Architekten beginnt eine Epoche, in der aus der ästhetischen Erziehung eine Ethik des Designs erwächst; eine Ethik der verfeinerten Alltagspraxis, wenn man so will. Am Fall von Morris kann man zum einen gut ersehen, dass ethische Überlegungen im Design in historisch engem Zusammenhang mit der Entstehung der sozialistischen Arbeiterbewegung und ihrer kommunistischen Ideale stehen. Zum anderen sind an seinem Werken und Wirken die inneren Widersprüche der Epoche abzulesen. An Morris als einem Universalisten und Moralisten können wir studieren, wie hohe ästhetische Ansprüche im Verein mit großen moralischen Ambitionen an einer sozioökonomischen Wirklichkeit scheitern. An Morris' Entwicklung als politisierendem Schriftsteller und Unternehmer ist zu erkennen, wie schwer es ist, ethische Idealnormen wie etwa die der gerechten Arbeit auf geeignete Weise in alltagstaugliche Praxisnormen zu übersetzen.[32]

In der Moderne benötigt man dafür als Transmissionsriemen eine „Bewegung". 1881 wird Morris zum Begründer des Arts & Crafts Movement [x], einer Bewegung, für die das Verhältnis von moderner Gestaltung und Naturliebe elementar ist. Für unseren ethischen Diskurs über Design ist es wichtig festzuhalten, dass sich Morris im Angesicht der kritikwürdigen Effekte der industriellen Revolution verpflichtet sieht, „eine produktive Alternative zu entwickeln."[33] 1861 gründet er mit seinen Partnern die „Morris, Marshall & Faulkner, Kunsthandwerker für Malerei, Schnitzerei, Möbel und Metallarbeiten". Die Company stellt erfolgreich Tapeten, Textilien und Möbel her. Ihre Produkte werden zum Teil heute noch (re-)produziert. Doch wird die Company zeit ihres Bestehens nicht den Widerspruch überwinden, dass ihre kunsthandwerklich aufwendige Produktion von erlesenen Einzelstücken nur für eine vermögende Schicht von (neu-)reichen Bürgern erschwinglich ist. Wir begegnen hier einem Problem, das sich immer dann in der Designgeschichte wiederholt, wenn hohe ästhetische Prinzipien auf den Anspruch einer Versorgung der Massen mit hochwertigen Gütern treffen.

x
Arts & Crafts Movement
Eine von Großbritannien aus von einer Gruppe Künstler und Architekten um John Ruskin und William Morris initiierte Bewegung, die den Wert des Handwerks gegenüber der maschinellen Produktion betonte.

Von Ruskin übernahm Morris die Idee einer am Gildenwesen orientierten Organisationsform nach mittelalterlichem Vorbild. Das den minderen Künsten („the lower arts") entstammende Gildenwesen geht mit einem kunsthandwerklichen Ethos einher, das inmitten der Stahlhochöfen und Dampfmaschinen Englands mit einem Schlag attraktiv geworden war. Die Arts-&-Crafts-Bewegung schafft es im Rahmen der 1897 gegründeten „Arts and Crafts Exhibition Society", durch rege Ausstellungstätigkeit weite Kreise auf sich aufmerksam zu machen. Aufgrund der Güte der kunsthandwerklichen Unikate befassen sich führende Köpfe der sozialistischen Bewegung in England erstmals mit Gestaltungsfragen. Es entbehrt nicht der Ironie, dass sie ausgerechnet am „schweinischen Luxus der Reichen“ [34] (Morris) haben erkennen müssen, dass zu den elementaren Belangen einer in Entfremdung und Elend lebenden Arbeiterschaft die Bildung – und damit eben auch die Geschmacksbildung – zählt. Damit wurden die Grundlagen gelegt für eine Entwicklung, die mit der zweiten Stufe der Industrialisierung um 1900 in engem Zusammenhang steht: der bewussten Fabrikation von Massengeschmack als Pendant zu einer Massengüterindustrie. Die Mitglieder des Deutschen Werkbunds [x] sind durch derartige Entwicklungen, die unter dem Vorzeichen der Elektrifizierung des modernen Großstadtlebens standen, beflügelt worden.

x
Deutscher Werkbund
1907 von Künstlern und Unternehmern gegründete wirtschaftskulturelle Vereinigung zum Zweck der Etablierung eines ästhetischen Bildungsprogramms, das Geschmack und Zweckmäßigkeit der Formgebung von Industriegütern propagiert.

Im Vergleich mit Ruskin ist Morris der stärkere utopische Geist. Die von Morris entworfene Utopie kann man als ein ethisch motiviertes Narrativ verstehen. So hat Morris in seiner Erzählung *News from Nowhere* (1890) ideale Weltzustände in Form von Geschichten des Gelingens skizziert. Anstelle ausformulierter philosophischer Argumente trifft man hier auf Fiktionen und Spekulationen über den sozioökonomischen Gang der Dinge. Zentral für *Neues aus Nirgendland* (bzw. *Kunde von Nirgendwo. Eine Utopie der vollendeten kommunistischen Gesellschaft und Kultur aus dem Jahre 1890*) sind eine kommunistisch inspirierte Kritik am Weltmarkt und maschinenstürmerische Attitüden.[35] Im Rahmen der Erzählung wird dargelegt, wie der allmächtige Markt gebändigt wurde: Einst hätten Markt und Maschinen die Menschen so weit erniedrigt, dass sie sogar die Pflichten gegen sich selbst [x] vergessen hätten. Dem Menschen sei abverlangt worden, „seine Bedürfnisse, seine Gesundheit, seine Nahrung und Kleidung, seine Wohnung seine Muße, sein Vergnügen, seine Erziehung kurz *sein Leben*“ [36] zu opfern. Alle Energien, die vom Wohl der Menschen abgezwackt wurden, seien den Maschinen zugeströmt; ein Schelm, wer heutzutage an Science-Fiction-Plots wie *The Matrix* denkt. Die Wunderwerke des Ingenieursgeistes hätten laut Morris nur zur Produktion von Schund gedient, der keinerlei Gebrauchswert besessen habe.

x
Pflichten gegen sich selbst
Der Mensch hat Pflichten gegen sich selbst, etwa sich gut zu behandeln, seine Talente zu kultivieren und sich vor Verwahrlosung zu schützen.

Der Designhistoriker René Spitz bilanziert Morris' Schaffen wie folgt: „Sein Werk, die Firma, war aufbauend, seine Lehre, die Verdammung der Gegenwart, zerstörerisch." [37] Morris' sozialutopische Lehre ist als eine typische Avantgarde-Position anzusehen. In diesem Sinne kann sie, ja darf sie nicht anders als radikal kritisch sein. Insofern ist sie in der Tat zerstörerisch. Schließlich muss man, sofern man Merkmale einer besseren Welt skizzieren will, moralisch schlechte Tatsachen markieren und beim Namen nennen und Bestehendes kritisieren. Selbst unkritische Geister und naive Weltverbesserer aller Couleur verfahren methodisch kaum anders, wenn sie heute durch die Mittel des Marketings behaupten, sie würden irgendeinen Weltaspekt verbessern. Auch sie sagen damit, dass das Bestehende noch nicht gut genug ist und verbessert gehört. Wer Verbesserungen anstrebt, übt also implizit immer auch Kritik.

Utopien [x] bleiben als Gegenentwürfe zur bekannten Realität stets in einem Widerspruch stecken. Eine Utopie ist im wörtlichen Sinn ein „Nirgend-Ort", der buchstäblich nirgendwo auftaucht und darum in dem Moment, wo er vermeintlich real wird, den Charakter der Utopie einbüßt. Wörtlich verstanden müssen utopische Gegenentwürfe Fiktionen bleiben. Gleichwohl sind sie als kritische Korrektive des Denkens und Handelns von ungetilgter Bedeutung.

x
Utopie
Fiktiver Gegenentwurf einer idealen Gesellschaft, die an einem „Nirgend-Ort" (von griechisch „u-topos") angesiedelt ist und ein positives Gegenbild zu den bestehenden sozialen Verhältnissen darbieten soll.

Nur lasse man sich nicht täuschen: Die Realität vernichtet immer wieder die Utopie. Sie de-realisiert sich in ihrer Verwirklichung; diese Erfahrung machten später auch Vertreter des Bauhauses in Weimar. Auch ihre Utopie enthielt eine Lehre zum Bau an einer besseren Welt, die noch ihrer künftigen Realisierung harrt – ein Nirgendwo im Überall. Auch sie kämpften mit den inneren Widersprüchen des Geistes der Utopie.

Die Dialoge in *Neues aus Nirgendwo* enthalten klare Aussagen über die erstrebenswerten Ideale: Vermeide es, schädliche Dinge zu machen, und konzentriere dich auf die „Anfertigung der notwendigen Güter"[38]. Beides sind Botschaften, die an Aktualität nichts eingebüßt haben. Wenn es um Fragen der nachhaltigen Entwicklung im Design und Fragen des Umweltbewusstseins geht, wird man sich weiterhin auf Morris' Erfahrungen berufen können, den man aufgrund seiner sozialemanzipatorischen Überlegungen als veritablen Ahnherren des Social und Transformative Designs ansehen darf. Einige Monate vor seinem Ableben 1896 sprach Morris noch beim ersten Treffen der „Society for Checking the Abuses of Public Advertising“ [39] (Scapa Society). Sein Vortragsthema war die mangelnde Bereitschaft, sich mit Fragen der Umwelt zu befassen: „We have to remember that the enormous majority of the people of the country do not care one straw about natural beauty.“ Wer sich als Designerin für die Schönheit der Natur einsetzen möchte, möge wieder Morris lesen.

Margarete Schütte-Lihotzky und Design als Gestaltung sozialer Gerechtigkeit

Die sozialen Verhältnisse in Deutschlands und Österreichs Städten sind nach dem ersten Weltkrieg in mehrfacher Hinsicht katastrophal. Es herrschen Hunger, Wohnungsnot, miserable hygienische Bedingungen und Massenarbeitslosigkeit. Unter solchen Lebensbedingungen wächst das Bedürfnis nach Revolution oder zumindest nach grundlegenden Reformen. Unter diesen schwierigen zeithistorischen Umständen wird mit der Gründung des Staatlichen Bauhaus in Weimar im Frühjahr 1919 ein mutiger Schritt unternommen.

Heiß umkämpft im politischen Richtungsstreit ist die sogenannte Arbeiterfrage. Der Arbeiter und der kleinbürgerliche Angestellte sind die dominierenden Soziotypen der Zwischenkriegszeit. Sie bestimmen den Alltag und um ihre Stimmen buhlen die meisten Parteien. Die reformerischen Kräfte mit Gestaltungswillen sitzen im linken Spektrum. In den Kreisen der Sozialdemokratie und des Sozialismus hat der Feminismus Konjunktur. Der politische Feminismus konnte sich im Bereich der Ökonomie Bahn brechen. Bei den Themen Siedeln, Wohnen und Einrichten als gesellschaftlichen Grundthemen haben die „roten" Stadtregierungen die Nase vorn in Städten wie Wien und Frankfurt.

In Wien ist Margarete Schütte-Lihotzky [x] „im Baubüro des Österreichischen Verbandes für Siedlungs- und Kleingartenwesen als Architektin"[40] tätig. Dann wechselt sie nach Frankfurt und wirkt dort am Programm „Neues Bauen" mit: „In weniger als zehn Jahren entstanden rund 15.000 Wohnungen unter der Prämisse des ‚Neuen Bauens' und darüber hinaus ein Totaldesign vom Hausrat über die Küche und die Möblierungen bis zur Gestaltung des öffentlichen Raums und der Stadtplanung."[41] In dieser groß angelegten Maßnahme für den sozialen Wohnungsbau wird bis Ende der 1920er-Jahre vieles realisiert, von dem die Bauhäusler in Dessau nur in Entwürfen träumen können. Unter Hochbaudirektor Ernst May entstehen Mustersiedlungen wie Westhausen und Praunheim. In Kombination mit Ferdinand Kramers [x] Typenmöbeln sind dies die „vielleicht reifsten Formen von Versöhnung von Hand und Maschine, lebendiger Arbeit und Massenprodukt, sozialem Sinn in der

x
Margarete Schütte-Lihotzky 1897–2000
Eine der ersten Architektinnen überhaupt, die in Österreich diesem Beruf nachgehen konnten. Sie arbeitete im Siedlungswesen, entwickelte Modellküchen und engagierte sich als Kommunistin im Widerstand gegen das NS-Regime.

x
Ferdinand Kramer 1898–1985
Deutscher Architekt und Designer, der durch seine funktionalistischen Typenmöbel und seine Mitwirkung am Stadtplanungsprogramm „Neues Frankfurt" hervortrat. Nach dem Zweiten Weltkrieg prägte er das Antlitz der Universität Frankfurt.

Produktion und reinem Nutzen im Gebrauch, die das Design der Weimarer Republik überhaupt hervorgebracht hat."[42] So sind Kramers Möbelentwürfe „‚im Auftrag der Gemeinnützigen Hausrat GmbH von arbeitslosen Schreinern in der städtischen Erwerbslosenzentrale' hergestellt"[43] worden. In diesem Kontext entsteht auch die von Margarete Schütte-Lihotzky entworfene berühmte „Frankfurter Küche". Sie steht für eine gelungene Wechselwirkung zwischen dem Geist der Sozialutopie und dem der Wissenschaft. Das Konzept beruht zum einen auf ergonomischen Untersuchungen, die den Hantierungen und Gehwegen innerhalb des Küchenarrangements galten. Zum anderen auf der Überzeugung, dass von der Einrichtung der Wohnung auch das Wohl der Familienmitglieder abhängt:

> „Wie wichtig ist es doch für unser ganzes Leben – daß gebaut wird und wie gebaut wird – wie wichtig für unsere Arbeit in Haushalt, Fabrik oder Büro – wie wichtig für unsere Gesundheit, für die Gesundheit und Erziehung unserer Kinder und Jugend – wie wichtig für unser ganzes Familien- und Lebensglück! Und wie wichtig für uns Frauen ist faktisch alles – angefangen mit der Gesamtplanung unseres Landes bis über die Planung der Städte zum Wohnungsbau, zur Wohnungseinrichtung, den Möbeln und sogar bis zur Art und Weise, wie wir unsern Kochlöffel in der Küche aufbewahren können, sind voneinander abhängig."[44]

In diesem programmatischen Text mit dem Titel *Planen und Bauen, Euch Frauen geht es an!* kommt Schütte-Lihotzkys feministische Haltung zum Ausdruck. Sie ist der Überzeugung, dass Mitsprache und gleichwertige Teilhabechancen elementar für Frauen sein sollten.[45] Sie übersetzt einige Errungenschaften der metrischen Kultur des Taylorismus [x] in den Arbeitsbereich der Küche, indem sie die Wege und Verrichtungen der Hausfrau arbeitswissenschaftlich erfasst und entsprechend nach ethischen Kriterien wie Gesundheit und Lebenszufriedenheit gestalterisch optimiert. Doch ist mit dieser Neugestaltung der Arbeitsumgebung den Bedürfnissen der Hausfrau und ihrer Familie wirklich schon Genüge getan und widerfährt ihr damit bereits Gerechtigkeit? Kann die „Frankfurter Küche" alle Fertigkeiten und Befähigungen der Frau zur Geltung bringen?

x
Taylorismus
Prinzip der Trennung von geistigen Tätigkeiten und einfachen manuellen Verrichtungen mit dem Ziel einer effizienteren Prozesssteuerung.

Das Wohn-Environment spiegelt die Figurenkonstellation in einem Proletarier- bzw. Angestelltenhaushalt wider. Das Klischee sieht vor, dass der Mann des Abends aus der Fabrik oder dem Büro zurückkehrt und auf eine weibliche Person samt Kindern stößt. Sie hat ihre Ressourcen durch einen besseren Zuschnitt der Küche etwas schonen können: Was wird sie als Nächstes tun?

Eine arbeitssparend gestaltete Küche verspricht die Erhöhung von Freiheitsgraden für Personen, die sie benutzen. Aufgrund der zeitlichen Entlastung im häuslichen Tätigkeitsbereich entsteht die Möglichkeit zum außerhäuslichen Lohnerwerb. Außer Haus könnte sie ihren Befähigungen x weiter nachgehen und weitere Grundfähigkeiten ausüben, die wichtig sind, damit Menschen nicht nur an der Erhöhung ihres Lebensstandards, sondern auch an der Verbesserung ihrer Lebensqualität arbeiten können. Die Berufstätigkeit der Frau bedeutet einen Zuwachs an Autonomie; dies aber auch nur bei entsprechender beruflicher Qualifizierung. Autonomiegewinn geht also zwangsläufig mit einer Vermehrung der Aufgaben und gesteigerter sozialer Komplexität einher. Dies scheint der Preis zu sein, den Angehörige moderner Systeme entrichten, um einen Zugewinn an Emanzipation und lebensweltlichem Komfort verbuchen zu können. Ethisch gesehen ist also auch die „Frankfurter Küche" als ambivalent anzusehen.

x
Befähigung
Der Befähigungsansatz („capability approach") stammt von Amartya Sen und Martha C. Nussbaum. Er umfasst eine Liste grundlegender menschlicher Bedürfnisse und Befähigungen und ist ein international anerkannter Ansatz zur politischen Verbesserung menschlicher Wohlfahrt und zur Bemessung von sozialer Gerechtigkeit.

Nach dem Zweiten Weltkrieg kann Schütte-Lihotzky architektonische Entwürfe für Kindergärten in Wien realisieren. Das Bauen für Kinder hat in ihrer Heimatstadt damals schon über hundert Jahre Tradition. Die „berufliche Beschäftigung mit Kindergärten und -krippen [wird] zu einer, vielleicht sogar der zentralen Aufgabenstellung innerhalb ihres Werks".[46] Ihr „Haus für Kinder" war für sie persönlich die wichtigere Errungenschaft als die bekanntere „Frankfurter Küche".

Man mag sich das Schaffen von Räumen, die die frühkindliche Entwicklung unterstützen, nicht nur als persönlich sinnstiftende, sondern auch als moralisch wertvolle Praxis vorstellen. Sie erfordert das Studium des ganzen Menschen. Wir sind es gewohnt, Autonomie und wechselseitige Anerkennung als Gleichwertige zum ethischen Maßstab zu erheben. Bei Kindern ist davon auszugehen, dass sie noch nicht im Vollsinn ihre eigenen Interessen wahren und artikulieren können. Daher haben andere für sie eine besondere Verantwortung, die als Fürsorgepflicht bezeichnet wird. Die „Fürsorgepflicht für Kleinkinder" ist als ethischer Gegenstand deshalb so lehrreich für Designer, weil es nun einmal „moralische Situationen" gibt, die „durch Asymmetrie gekennzeichnet sind: das Verhältnis zu Kindern, Behinderten, debilen Alten, Koma-Patienten usw." [47]

Die Konstitution von eingeschränkten Personen gebietet ein besonderes Maß von Einfühlungsvermögen und Verantwortungsbewusstsein vonseiten der Gestalter. Sie haben einen Sinn dafür zu entwickeln, dass Menschen Naturwesen sind und zeit ihres Lebens bleiben. Es ist für die Ethik der Sorge wichtig, anzuerkennen, dass wir alle mehr oder weniger bedürftige Lebewesen sind. Es wäre aber falsch zu meinen, dass wir unsere „‚Lebensbedingungen'" und Bedürfnisse wie ein Biologe naturwissenschaftlich „‚objektivieren'" könnten; als wäre eine wertfreie und in dem Sinne „‚objektive Feststellung' *aller* menschlichen Bedürfnisse" überhaupt möglich[48]. Was wir als Bedürfnisse gelten lassen, ist immer auch das Resultat normativer Entscheidungen darüber, wo die Linie zwischen echten Bedürfnissen und bloßen Begehrlichkeiten verlaufen sollte.

Heute wissen viele Leute nicht mehr, dass es Karl Marx war, der die Bedürfnisse und den Bedürfnisreichtum zu zentralen gesellschaftlichen Kategorien erhoben hat. Er sah auch im Kapitalismus Chancen dafür, dass Menschen ihre Bedürfnisse bewusst artikulieren können, auch wenn sie in dieser Gesellschafts- und Wirtschaftsform letztlich nicht zur vollen und universellen Entfaltung ihrer Gattungseigenschaften gelangen können. Im Kapitalismus bleibt der „gesellschaftliche Reichtum" [49] aller auf der Strecke. Er bestünde darin, dass wirklich alle menschlichen Fähigkeiten durch Produktivität frei und voll entfaltet werden können. Doch der Zug der Geschichte hat eine andere Richtung eingeschlagen. Arbeit wird nur in seltenen Fällen zur Quelle der Selbstverwirklichung. Selbstverwirklichung wird stattdessen zu einer Frage der Teilhabe an der Konsumgesellschaft erklärt.

Raymond Loewy und die Anfänge der Business-Ethik

Eine der schillerndsten Gestalten der Designgeschichte ist der Industriedesigner Raymond Loewy ˣ. Bevor eine breitere Öffentlichkeit von seinem Schaffen Notiz nahm, erzielte er als Industrieformgestalter mit Redesign-Entwürfen beachtliche Markterfolge. Besonders bekannt ist das Redesign ˣ des Sears-Kühlschranks [50]. Es mag ein Zufall sein, dass die Reformierung der Frauenrechte und eine expandierende Haushaltsgeräteindustrie in demselben Land stattgefunden haben. Die Entlastung der Frauen ist maßgeblich auf Mechanisierungsfortschritte zurückzuführen [51]; man denke an die Waschmaschine, Staubsauger und andere Hilfsmittel zur Haushaltsführung. Es ist jedoch eine andere Frage, ob die Entlastung der Frauen die eigentliche Absicht von Designern gewesen ist.

x
Raymond Loewy
1893–1986
Französisch-US-amerikanischer Industriedesigner, der unter anderem mit dem MAYA-Prinzip („Most Advanced, Yet Acceptable") und seiner Autobiografie *Never leave well enough alone* als herausragender Gestalter hervorgetreten ist.

x
Redesign
Neuinterpretation oder Verbesserung des Inhalts, Erscheinungsbilds oder der Funktionsweise eines Vorläufermodells, das sich bereits bewährt hat, aber einer Revision unterzogen wird.

Weltkonzerne wie Shell, BP und Coca-Cola vertrauten Loewy ihre werblichen Geschicke an. Dass Menschen nicht nur eine Fülle von Bedürfnissen haben, sondern dass man ihnen auch eine Reihe von zusätzlichen „Begehrnissen"[52] einreden kann, haben Leute wie Loewy zu ihrer Geschäftsgrundlage gemacht. Unter Einsatz großer Mühen und professioneller Disziplin haben sie eine Warenwelt entworfen, die das Antlitz unserer Wirklichkeit geprägt hat. Folgt man seiner autobiografischen Darstellung *Hässlichkeit verkauft sich schlecht*, hat man es mit einem hart arbeitenden Selfmademan zu tun. In dem erregenden Umfeld von Unternehmern, Geschäftsleuten, Modemachern und Verlegern wird er zu einem der erfolgreichsten Industriedesigner des 20. Jahrhunderts. Der Mythos vom „American Way of Life" ist, sofern er eine visuelle Sprache spricht, mit Loewys Entwürfen, Logos und Erscheinungsbildern verquickt. Mit seinem Schaffen hat er nachhaltige Spuren in der US-Gesellschaft hinterlassen.

Loewys legendärer Stil bei der Entwicklung von Pkws ist das „stream lining" ˣ. Damit verschafft er einer industriellen Formensprache weltweiten Erfolg, deren Kippen in Geschmacklosigkeit er im Übrigen selbst frühzeitig erkannt hat. Oft wird sein Schaffen darauf verkürzt und dabei nicht gesehen, dass er und seine Automobildesignteams sich

x
„stream lining"
Oft fälschlicherweise Loewy zugeschriebenes Gestaltungsprinzip der Aerodynamik, das zuerst in der Luftschifffahrt, dann im Automobil- und Eisenbahnbau zur Reduzierung des Luftwiderstands, dann aber auch in der Architektur als Gestaltungsmerkmal eingesetzt wurde.

„unumstößliche Grundsätze“ vorgegeben haben, Prinzipien, die heute vermutlich unter dem Label „nachhaltiges Automobildesign“ vermarktet würden:

> „1. Das Gewicht muß auf ein Minimum beschränkt werden; 2. Die Sicht muß ausgezeichnet sein, und 3. Der Wagen muß schnell aussehen, die Lust, sich zu bewegen, muß man ihm ansehen, selbst wenn er stillsteht.“ [53]

Diese Regeln sind unter dem Eindruck der Kriegsjahre und selbstredend nicht unter der Prämisse entstanden, ein nachhaltiges Design zu bieten. Doch sind im Modus einer Kriegswirtschaft sparsamer Mitteleinsatz, hoher Nutzeffekt und geringer Kostenfaktor durchgängige Erfordernisse und darum lehrreich für ein Studium in Belangen des ressourcenschonenden Materialeinsatzes. Doch diesem Verständnis widerspricht unmittelbar das Verlangen nach einem ästhetisch attraktiven Erscheinungsbild des Fahrzeugs, das Dynamik ausstrahlen und seinem Besitzer Sozialprestige verschaffen soll. Gleichwohl enthält Loewys Welt in zarten Keimen Elemente einer Wirtschaftsethik, die heute noch wirksam ist: Da ist zuerst eine von Fleiß und unbedingtem Leistungs- und Innovationswillen getragene Arbeitsmoral. Darüber hinaus stellt sich Loewy in seiner Arbeitsbiografie als Vertreter einer auf Werte bezogenen Business-Ethik dar. Er geht davon aus,

> „daß ein Formgestalter untadelig loyal gegenüber dem Kunden sein muß und nicht für zwei Auftraggeber arbeiten darf, die in unmittelbarem Wettbewerb stehen. Außerdem darf er das Geschäft seines Kollegen nicht böswillig schädigen, er darf nicht versuchen, den Kollegen Kunden abspenstig zu machen, und er darf ihnen die Gestalter nicht stehlen. [...] All dies scheinen recht einengende Bestimmungen zu sein. Tatsache ist jedoch, daß diese Bestimmungen schon von jeher – abgesehen von einigen Ausnahmen – zum ungeschriebenen Ehrenkodex jedes Formgestalters gehört haben. [...] Formgestalter haben bei ihrer Arbeit nun einmal einen besonders strengen Ehrenstandpunkt und sind geschäftlich durchweg reell.“ [54]

Dieser Ansatz ist Ausdruck des Bestrebens nach einer untadeligen Reputation innerhalb der eigenen Berufsbranche. Loewy möchte einen bestimmten wünschenswerten Habitus x stabilisieren. Zu diesem Zweck gründet er 1944 die „Gesellschaft für industrielle Formgestaltung" (Industrial Designers Society of America, IDSA). In dieser Organisation wird erst ein „Ehrenkodex" x und dann sogar ein „Berufskodex" verfasst, der so etwas wie eine Designmoral erkennen lässt.[55]

x
Habitus
Der Begriff steht für die Haltung und Gewohnheiten, die eine Person im Rahmen ihres Sozialverhaltens an den Tag legt. Dazu zählen der Lebensstil, die Tugenden und Laster, die wiederum die Zugehörigkeit zu einer sozialen Klasse ausdrücken.

Bei der Lektüre von Loewys Autobiografie fällt auf, wie wichtig ihm bestimmte Wertungen und Orientierungskategorien sind. Zentral sind nicht nur Orientierungskategorien wie „schön – häßlich" oder „erfolgreich – erfolglos", die dem Ästhetischen oder Unternehmerischen zuzuordnen sind, sondern ebensolche Kategorien wie „richtig – unrichtig" oder „nützlich – schädlich", die einen gewissen moralischen Gehalt seines Schaffens offenlegen sollen.[56] Dies spiegelt eben nicht allein der Ehrenkodex, den er für Industriedesigner seiner Machart vorsah, sondern die gesamte Darstellung seines Arbeitslebens. Mit diesen moralischen Werten operiert Loewy im Rahmen seiner Autobiografie und hinterlässt damit den Eindruck einer wertebewussten bürgerlichen Existenz. Aber es handelt sich mitnichten durchgängig um moralische Werte. Woran kann man moralische Werte überhaupt erkennen? Eine mögliche Antwort könnte lauten, dass sie die Unterscheidung „gut – schlecht" ermöglichen. Doch diese Antwort wäre viel zu ungenau. Denn nicht alles, was als „gut" gilt, ist „gut" im ethischen Sinn.

x
Ehrenkodex
Eine meist ungeschriebene Übereinkunft über Regeln des gebührlichen oder ehrenhaften Verhaltens in einer Berufsgruppe, die sich dadurch vor anderen gesellschaftlichen Gruppen abgrenzt.

Die Aufgabe der Ethik ist es, die Moral in einer Gesellschaft oder in einem bestimmten Milieu als ein System von sprachlichen Unterscheidungen zu untersuchen. Innerhalb der philosophischen Ethik ist es der Teilbereich der Metaethik x, in dem man sich bewegt, wenn man versucht, die Bedeutung von moralisch und ethisch gehaltvollen Begriffen zu klären.[57] Innerhalb der Metaethik fragt man sich, was die Ausdrücke „gut" oder „schlecht" eigentlich bedeuten. Hierzu schaut man sich den Sprachgebrauch näher an. Die Gründe, etwas durch ein Wort zu bezeichnen, sollte man ebenfalls als einen Aspekt der Bedeutung dieses Wortes betrachten.[58] Oft wird der Ausdruck „gut" verwendet, weil ein Ding, ein Sachverhalt, eine Situation „gut für" etwas anderes ist. Die Zuschreibung „gut" kommt also als ein

x
Metaethik
Gegenstand der Metaethik sind die semantischen, erkenntnistheoretischen und metaphysischen Fragen im Zusammenhang mit der Moral. Sie dient der näheren Untersuchung der Bedeutungen des begrifflichen Instrumentariums der Ethik.

relationaler Begriff ins Spiel. Gestaltete Artefakte, die „Gutheit“ kommunizieren und damit soziale Bedeutung gewinnen sollen, werden erst dadurch verständlich, wenn man sich näher ansieht, in welchen Kontexten des Gebrauchs die Zuschreibung „gut“ geäußert oder der Geltungsanspruch „gut“ aufgemacht wird.[59]

x
Georg Henrik von Wright
1916–2003
Finnischer Philosoph und Nachfolger von Ludwig Wittgenstein in Cambridge. Er hat logische Untersuchungen zum Zusammenhang von Normen, Werten und Handlungen vorgelegt.

Im Anschluss an die Untersuchungen des Philosophen Georg Henrik von Wright [x] können sechs Bedeutungsebenen von „gut“ bzw. des „Guten“ entfaltet werden:

1.) Instrumentell Gutes ist gut für einen näher bestimmbaren Zweck. Ein gut gestaltetes Messer ist ein Messer, das gut schneidet und als Instrument seinen Zweck erfüllt.
2.) Die technische Gutheit betrifft Personengruppen, die sinnvoll ihr Handwerk und ihr Kopfwerk beherrschen sollen. Ein Designer kann ebenso wie ein Manager, ein Arzt oder ein Lkw-Fahrer gut in seinem Job sein. Sie haben gemeinsam, dass sie Techniken beherrschen, so dass andere sagen können: Dieser Arzt ist ein guter Operateur oder dieser Designer beherrscht sein Handwerk und ist darum akkurat in seiner Gestaltungsdisziplin. Von seiner Arbeit kann in einem technisch anspruchsvollen Sinne gesagt werden, sie sei „gut gemacht“.
3.) Einen dritten Begriff von Gutheit bezeichnet von Wright als „beneficial“, was man mit einem entsprechenden Substantiv wie „Wohl“ oder „Wohlergehen“ übersetzen könnte.[60] Das Wohlergehen ist mehr als die physiologische Funktionstüchtigkeit im klinisch-medizinischen Sinn und mehr als die kognitive Leistungsfähigkeit. Das Wohlergehen hängt vom Zusammenspiel unterschiedlicher Kräfte ab, die zum Beispiel innerhalb einer Organisation, einer Institution oder eines gesellschaftlichen Teilbereichs wechselwirken. Wenn eine Person über „gute Manieren“ verfügt, so ist das meistens gut für alle Beteiligten. Wenn ein Gärtner „gute Erde“ auf den Boden aufträgt, ist das gut für die Saat, die an diesem Ort aufgehen soll. Das Wohlergehen oder auch das Wohltuende ist eine Unterkategorie des Nützlichen.
4.) Das Gute ist darum auch im Sinne des Nützlichen oder des allgemein Vorteilhaften zu verstehen. Wenn jemand von einem „guten Plan“, einer „guten Gelegenheit“ oder

„guten Nachrichten" spricht, dann hat die betreffende Person meistens den eigenen Vorteil oder individuellen Nutzen vor Augen. Das allgemein Nützliche unterscheidet sich vom Begriff des Guten im Sinne des Wohlergehens dadurch, dass Letzteres mit den bestimmten Lebens- und Arbeitsbedingungen der jeweiligen Person zu tun hat, wo hingegen das Nützliche in der Regel einen allgemeineren Zweck oder eine generelle Zielsetzung darstellt.

5.) Hedonisch Gutes bezieht sich auf unser subjektives Wohl befinden. Wir sprechen von einem „guten Essen", weil es uns gut geschmeckt hat. Wir schätzen die „gute Begleitung" durch einen Freund, weil sie uns Glück beschert und deswegen „guttut". Das hedonisch Gute ist dasjenige, was jemand genießt oder gut leiden mag, wohingegen das schlechthin Nützliche gut ist für einen Zweck oder ein Bedürfnis. Das hedonisch Gute ist im Feld der ästhetischen Wahrnehmung angesiedelt. Dadurch wird es zum Träger eines Wertindex: Der Wert besteht in der gesteigerten ästhetischen Wahrnehmung, die etwa ein Charakteristikum eines besonders „guten Grafikdesigns" sein kann. Hedonisch Gutes wie ein angenehm stimulierender Anblick einer Grafik, der unterhaltsame Fortgang einer Operninszenierung oder der betörende Duft einer Blume haben gemeinsam, dass sie uns Vergnügen bereiten.[61]

6.) Schließlich ist das moralisch Gute dasjenige, mit dem immer dann zu rechnen ist, wenn menschliches Handeln, persönliche Absichten und Willensregungen ins Spiel kommen. Wie wir im ersten Kapitel gesehen haben, gibt es drei Ansätze der Ethik, die sich dadurch unterscheiden, dass sie die moralische Güte einer Handlung entweder an der Güte des Charakters, der Güte der Handlungsfolgen oder dem Grad der Pflichterfüllung festmachen.

Im Prozess des Gestaltens können all diese sechs Aspekte der Gutheit eine Rolle spielen. In der Realität liegen diese Dimensionen in nicht fein säuberlich getrennten Mischungen vor. Erst die philosophische Analyse führt dazu, dass man die unterschiedlichen Gutheiten klar voneinander unterscheiden kann. Moralisch gut sind Handlungen und nicht Artefakte. Wenn Loewy sichtlich großen Wert darauf legt, dass seine Kollegen in ihrem Erwerbsleben gute Sitten etablieren, so geht es wirklich um die Etablierung eines moralischen Gutes. Wenn er aber seine Teams anleitet, gemeinsam eine gute Lösung für ein Problem zu finden, ist etwas Außermoralisches gemeint. Loewys Lieblingsmetapher für den Willen zur Problemlösung ist die der Operation. Mal benutzt er sie in einem taktisch-militärischen Sinn, wenn er von seiner „Kampfgruppe" spricht, mal spielt er mit der medizinischen Bedeutung des Begriffs Operation, als ob es darum ginge, das „Zusammenspiel einer Gruppe bedeutender Chirurgen" zu koordinieren.[62]

Mithilfe des Kategorienpaars „schön – häßlich" identifiziert sein Team missratene Industrieprodukte, wie etwa „kranke Toaster"[63]. Wenn ein Toaster krank ist, ist damit metaphorisch gemeint, dass er in einem instrumentellen Sinn schlecht funktioniert. Wie reagiert Loewys Team auf den dysfunktionalen Toaster? Es ist bezeichnend, dass sie ihm lediglich ein neues Erscheinungsbild geben wollen. Loewys Team favorisiert also bei seinen Design-Entscheidungen die hedonische Gutheit des Toasterkäufers: Sie oder er bekommen einen schönen Toaster, aber gegebenenfalls keinen guten Toast. Dies mag auch der Grund sein, warum Loewy als bekennender Ästhetizist und facelifter gilt, der erfolgreich darin war, Alltagsdinge zu stilisieren und ihren Verkauf zu fördern. Ob diese Dinge auch als ethisch vorbildliches Design gelten können, steht jedoch auf einem anderen Blatt.

Loewy ist die ethische Ambivalenz seines Schaffens selbst nicht entgangen – und das ist der Grund, warum er in diesem Buch behandelt wird. Am Ende seines ereignisreichen Lebens sieht man einen standesbewussten Selfmademan, der sich selbst an die Spitze der „Society of Industrial Designers" wählen lässt, der sich aber auch von vielen seiner früheren Erfolge distanziert. Hervorzuheben ist besonders die Gründung der „Gesellschaft der Industriedesigner", die sich sogar die charakterliche Prüfung von Neubewerbern vorbehalten hat. Die Gesellschaft formulierte Richtlinien für den loyalen Umgang mit der Kundschaft und Regeln für den fairen geschäftlichen Umgang mit der Konkurrenz. Die Verpflichtung zu solchen Regeln oder Normen des verantwortungsvollen Handelns ist heute ab einer bestimmten Unternehmensgröße rechtlich im Rahmen der CSR-Regeln [x] gefordert. Zu Loewys Zeiten ist dies noch nicht der Fall. Es ist sein Verdienst, eine moralische Avantgarde-Position eingenommen zu haben – und zugleich damit erfolgreich gewesen zu sein.

x
CSR-Regeln
Corporate Social Responsibility (CSR) bezeichnet die soziale Verantwortung eines Unternehmens, die es nach innen gegenüber den Mitarbeiterinnen wie nach außen gegenüber Gesellschaft und Umwelt freiwillig bereit ist zu übernehmen.

Max Bill und die „gute Form“

Während Industriedesigner wie Loewy ihren Stand festigen und Designgeschichte schreiben, finden in den USA Ausstellungen wie „Design for Use“ (MoMa, 1944) oder „Modern Design: The Search for Appropiate Form“ statt. Museumskuratoren wie Eliot Noyes und sein Nachfolger Edgar Kaufmann ringen um Kriterien des guten Designs. 1946 veranstaltet das „Council of Industrial Design“ (später einfach „Design Council“) im Londoner Viktoria and Albert Museum die Ausstellung „Britain Can Make It“.[64] Diese Leistungsschau des britischen Designs stellt Exportprodukte aus, die die Formel „Großbritannien kann es schaffen“ untermauern. Dies sind prominente Vorläufer für „Die gute Form“ x – so der Name einer legendären Wanderausstellung, die im Auftrag des Schweizerischen Werkbunds (SWB) entstanden und 1949 im Kunstgewerbemuseum Zürich zu sehen ist. In der Folge tritt sie ihre Wanderschaft in der jungen BRD an und wird dort zu einem Publikumserfolg.

x
„Die gute Form“
Die mit einer Sonderschau anhebende internationale Wanderausstellung zeigte beispielhafte Artefakte in Form von 80 Schautafeln, die vom Anorak über Brücken bis hin zu Flugzeugen einen Reigen der gut gestalteten Alltagskultur darboten.

Der Architekt, Maler, Bildhauer und ehemalige Bauhausschüler Max Bill x zeichnet für sie verantwortlich. Bill entfaltet in seinem Beitrag für den Katalog eine Programmatik, die klar und deutlich den Stellenwert des Designs für die Alltagswelt aufzeigt. Wegweisenden Charakter für das Design der Nachkriegszeit bekommt die Formel „Die gute Form“. Hört oder liest man diese Formel erstmalig, löst sie viele Assoziationen aus: „Die gute Form“ – was mag das sein? So viel sei bereits verraten: Für Max Bill drückt sie ein Verlangen nach Ehrlichkeit in der Gestaltung und damit eine bestimmte Haltung, aber auch eine bestimmte Verpflichtung von Designerinnen und Designern aus.

x
Max Bill
1908–1994
Schweizer Architekt, Bauhaus-Schüler und vielseitiger Künstler, der ab 1967 die erste Professur für Umweltgestaltung an der HfBK Hamburg innehatte.

Der Anspruch der Ausstellung ist es, aufzuzeigen, wann ein Gebrauchsgegenstand „solid ist oder schlecht. dann ob der gegenstand praktisch ist oder unbrauchbar. dann ob er ganz seinem zweck entspricht oder nur unvollkommen. ob er platz versperrt oder platz spart. ob er im verhältnis zu seinem wert viel oder wenig kostet, also ob er preiswürdig oder überbezahlt ist. dies alles sind vernünftige argumente, die wir beachten, wenn wir einen gegenstand kaufen, oder die wir wenigstens beachten sollten; und diese argumente bilden zusammen den begriff der qualität.“[65]

Materialgüte und -gerechtigkeit werden ebenso zum Wertkriterium erhoben wie ökonomische Nutzenerwägungen. Bill will der Anwalt der Interessen der Konsumierenden sein. Sie sollen in die Lage versetzt werden, gute Ware von Plunder unterscheiden zu können. Die Ethik, die hier aufscheint, ist eine Konsumethik ˣ. Der Designer tritt als ein professioneller Akteur auf, der stellvertretend die Konsumentenverantwortung ins Auge nimmt. Der Schweizerische wie der Deutsche Werkbund verfolgen als Ausrichter dieses Ausstellungsprojekts die Absicht, die Kundschaft für Qualitätsmerkmale zu sensibilisieren. Innerhalb der schönen neuen Warenwelt der Nachkriegszeit sollen gewisse Charakteristika wie etwa die Stromlinienform als wenig geschmackvoll identifiziert und zurückgewiesen werden. Dazu muss die potenzielle Kundschaft erst einmal lernen, „dem äußeren schein zu mißtrauen.“ [66] Sie soll den Unterschied zwischen Wesen und Erscheinung als Merkmal von gutem oder schlechtem Design erkennen lernen.

x
Konsumethik
Bestandteil der Wirtschaftsethik. Sie begründet Maßnahmen zum Konsumentenschutz, klärt Verbraucherinnen auf und achtet auf Nachhaltigkeitsaspekte unseres täglichen Verbrauchs.

Was Bill bezweckt, ist im klassisch-antiken Sinn eine Güterethik. In der Güterethik wird untersucht, was die „‚wahren Güter‘“ im Unterschied von den bloß „‚scheinbaren Gütern‘“ sind, wobei Bill damit dem Sinn der Güterethik nahe kommt, dass er das Kriterium von „Schein“ oder „Sein“ an „seinen Ursprungsort in der Ethik“ bindet. [67] Bills werteethische Wette geht auf das Kategorienpaar „ehrlich – unehrlich“ zurück: Er definiert das Gute durch eine Moralisierung der ästhetischen Kategorie „Schein“. Weiter akzentuiert er die faktische Güte der guten Form durch das Kategorienpaar „ehrlich – trügerisch“. Das Adjektiv „ehrlich“ steht bei Bill im Gegensatz zum trügerischen Schein. Die Ausstellung solle, so Bill, im Namen der „guten Form“ den „schein möglichst weglassen und das schlichte, das echte – eben das gute“ vorzeigen. [68]

Der Glaube an den inneren Zusammenhang von funktionellen Anforderungen einer Produktklasse und formaler Qualität ist ab 1949 ff. ungebrochen. Ein Modeartikel mag zwar als kostbar erscheinen, kann sich aber als aus minderwertigen Materialien produziert und darum als Fehlinvestition entpuppen. Bill macht hier in philosophischer Hinsicht ein interessantes Feld auf. Er möchte Kriterien isolieren, die substanzieller Natur sind und die „dem wirklichen inneren wert der dinge“ [69] entsprechen. Die Substanz des Designs soll durch volkserzieherische Leistung objektiv werden. Der Fall lehrt: Design, Ästhetik und moralische Unterweisung können zusammengehen – „vom kleinsten Gegenstand bis zur Stadt.“ [70] Erziehung ist wie Politik eine öffentliche Angelegenheit. Sie betrifft die Moral als res publica. Design wird bei Bill selbstbewusst als eine Sache von öffentlichem Belang verstanden. Um diesen Zusammenhang zu zeigen, ist offenbar eine Ausstellung wie „Die gute Form“ vonnöten. Diese Wanderausstellung wird für spätere Generationen von Gestaltern zum Stein des Anstoßes. Nicht alle jungen Gestalter wollen den Paternalismus akzeptieren, der in Bills Vorgabe einer Wertehierarchie steckt.

Bill nimmt auf einer anderen Spielwiese wenige Jahre später eine andere Haltung ein. Wir begeben uns nach Ulm. Dort hat sich 1947 die Geschwister-Scholl-Stiftung das Ziel gesetzt, eine neue Hochschule für Gestaltung zu gründen. Der engere Zirkel besteht aus Inge Aicher-Scholl ˣ, die seit ihrer Heirat 1952 mit dem Grafikdesigner und Typografen Otl Aicher ˣ den Namen Aicher-Scholl trägt. Sie hatten sich im Umkreis der „Weißen Rose“ während des Zweiten Weltkriegs kennengelernt. Inge Scholl hat sich Verdienste um die Ulmer Volkshochschule erworben. Dort finden Vorträge von Literaten, Theologen und Philosophen statt, die sich im Geiste des Antifaschismus begegnen. Diesen Geist versucht das Ehepaar Aicher-Scholl mit dem Schriftsteller Hans Werner Richter auf eine institutionelle Ebene zu bringen. Mithilfe der US-amerikanischen Besatzungsbehörden arbeitet man an einer privaten Bildungseinrichtung, die sich sowohl der Gestaltung widmen als auch auf Politik und insbesondere den Aufbau einer demokratischen Kultur konzentrieren will. „Ihr Konzept zeichnete sich durch eine intensive, von eigenen Erfahrungen getragene Auseinandersetzung mit dem Faschismus aus und den Versuch, durch ein umfassendes Bildungsangebot die Bevölkerung für einen politischen und kulturellen Neuanfang auf der Basis einer Demokratie zu begeistern.“ [71]

x
Inge Aicher-Scholl
1917–1998
Mitglied der studentischen Widerstandsgruppe „Weiße Rose“, Gründerin und Leiterin der Ulmer Volkshochschule und Mitbegründerin der Hochschule für Gestaltung Ulm.

x
Otl Aicher
1922–1991
Gestalter, Grafik- und Corporate Designer, Mitbegründer der Ulmer Volkshochschule und HfG Ulm und Gestaltungsbeauftragter der Olympischen Spiele 1972, für die er ein legendäres System von Piktogrammen schuf.

Durch die Rolle, die Max Bill als Rektor in Ulm einnimmt, erhält die ursprüngliche Idee eine andere Wendung. Anlässlich der Einweihung des Gebäudes der HfG auf dem Kuhberg am 2. Oktober 1955 lauten die Schlagzeilen in der

Presse „‚das neue bauhaus'" oder „HfG übernimmt die Nachfolge des Bauhauses [...]".[72] Bill liefert in seiner Ära selbst die Stichworte und bringt eine „art neues bauhaus"[73] ins Spiel. Binnen weniger Monate wird deutlich, dass die Zielsetzungen der Hauptakteure stark voneinander abweichen. Bills Pläne vertragen sich nicht mit „den ethischen Grundsätzen der HfG"[74]. Er erachtet es als wichtiger, die schöpferischen Impulse der jungen Gestalter zu fördern und nicht die Dimension der sozialen Verantwortung allzu stark zu strapazieren. Bill begründet seine Position: „Neue Formen, die als künstlerisch empfunden werden, entstehen nirgends aus dem reinen Verantwortungsbewusstsein gegenüber dem späteren Benützer, sondern aus dem universellen Bedürfnis nach Formung"; obschon er „soziale Beweggründe bei der Gestaltung nicht" unberücksichtigt lassen möchte.[75]

Der Gestalter denkt und konzipiert im Medium der künstlerischen Freiheit. Darin steckt implizit schon seine freiheitsliebende und darum auch antifaschistische Haltung. Bill begreift sehr wohl, dass es beim Design nicht darum gehen dürfe, andere Menschen absichtsvoll zu täuschen. Aber für ein explizites Bekenntnis zur Verantwortung, die wie eine Monstranz von der Gestalterperson in die Öffentlichkeit zu tragen wäre, hält Bill nicht viel. Bei allen Unterschieden in Person und Temperament, die 1956 in die „Bill-Krise" am Kuhberg führen, bestehen viele Gemeinsamkeiten bei den Ulmer Akteuren: Sie sind von Haus aus Künstlernaturen und darum auf ein Maximum an Autonomie erpicht. Sie sind gebildet genug zu wissen, dass aus der Freiheit des Einzelmenschen die moralische Verantwortung für das eigene Handeln erwächst. Es hätte der jungen BRD, in der Parteien wie die CDU/CSU mit Parolen wie „Keine Experimente" die absolute Mehrheit bei Bundestagswahlen gewonnen haben, gut zu Gesicht gestanden, wenn eine Gestaltungshochschule den politischen und auch verantwortungsethischen Aspekten stärkere theoretische Aufmerksamkeit geschuldet hätte. Es sollte nur noch wenige Jahre dauern, bis sich weltweit ein immer stärkeres Unbehagen an der Gestalterkultur breitmachte.

Das „First Things First"-Manifest oder Ein Hippokratischer Eid für Designer

Vertreterinnen und Vertreter einer bestimmten Berufsgruppe werden in ihrem Alltag mit bestimmten Erwartungen konfrontiert. Dies gilt also auch für Designerinnen und Designer. Mit einem Beruf in der modernen arbeitsteiligen Gesellschaft geht immer schon ein gewisses Rollenverständnis einher. Dieses Verständnis erwirbt man zumeist in der Ausbildung, in der man mit Spezialwissen versorgt wird. Durch Berufspraxis wird dieses Handlungswissen zum integralen Bestandteil der Subjektausstattung und des eigenen Selbstverständnisses. Oft ist die Definition einer Arbeitsrolle bedingt durch die Institution oder Organisation, die man mit verkörpert. Nur manche Berufe sind durch den „Status einer Voll-Professionalisierung" gekennzeichnet, dazu zählen die „klassischen Professionen (Standesberufe) wie Ärzte, Juristen, Professoren und Geistliche", die sich durch ein „hohes soziales Prestige" wie auch ihre „verbandlichen (oder standesrechtlichen) Organisationen" auszeichnen.[76] Die vollständige Professionalisierung bietet also relative Autonomie und hohes Ansehen. Wer durch ein Spezialstudium oder eine wissenschaftliche Ausbildung die entsprechenden, meist staatlichen Zertifikate und Diplome erwirbt, wird damit in einen Berufsstand erhoben, der von seinen Angehörigen die Einhaltung „bestimmte[r] ethischer Normen und Verhaltensregeln" wie unter anderem eine generelle „Gemeinwohlorientierung" erfordert.[77]

Designer haben, anders als Ärzte, kein besonderes, professionsspezifisches Handlungsmonopol. Ihre Handlungsmacht (agency) ist zumeist auf einen bestimmten, aber nicht genauer festgelegten Ausschnitt des Marktes beschränkt, auf den sich die jeweilige Person, ob als Kommunikations- und Informationsdesigner oder als Industrie- und Produktdesigner, einstellt. Das im Laufe eines Berufslebens erworbene Expertenwissen um Methoden und Heuristiken machen das Kapital einer Person oder eines Kollektivsubjekts wie eines Designbüros aus. Spezifische moralisch gehaltvolle Routinen dienen dazu, die richtigen Entscheidungen fällen und auftretende Konflikte mit Kunden und Kollegen bewältigen zu können.

Allgemein ratsam ist es, ethische Leitlinien zu entwickeln. Sie erfüllen im Rahmen eines Berufs- und Erwerbslebens den Zweck, Handlungssicherheit in Tätigkeitsfelder einzuführen. Das sieht Claudia Banz ähnlich: „Da der Beruf des Designers nicht geschützt ist, wäre es sicherlich sinnvoll darüber nachzudenken, einen Kodex oder eine Form von Berufsordnung einzuführen, ähnlich wie bei den Medizinern, Juristen oder Architekten".[78] Eine Berufsordnung ist besonders wichtig für Vertreter von Berufsgruppen, die mit großer Unsicherheit umgehen müssen wie im Falle von Ärzten und Ingenieuren. Der traditionelle „Hippokratische Eid" x ist eine Art von Gewährleistung, dass sich ein Arzt in keiner Hinsicht aus der Verantwortung für das Wohl des Patienten stehlen kann. Er oder sie wird alles in seiner bzw. ihrer Handlungsmacht Stehende tun, um Heilung und/oder Genesung zu begünstigen und damit das hohe Gut der Gesundheit wiederherzustellen. Sollte es auch für Designerinnen und Designer einen Hippokratischen Eid geben und wenn ja, worin sollte er bestehen? Standesethische Richtlinien für Designer würden dort Sinn ergeben, wo sie besonders neuralgische oder empfindliche Lebensbereiche absichern oder wo sie wichtige gesellschaftliche Güter schützen helfen.

x
Hippokratischer Eid
Der Eid des Hippokrates stellt ein Gelöbnis für Ärzte dar, die einen Schwur auf einen Kanon von Pflichten leisten sollten. Der Eid ist die historische Basis der ärztlichen Ethik.

Mit der Festlegung auf einen Ethikkodex signalisiert man anderen gesellschaftlichen Akteuren ein hohes Maß an Professionalität. Man nimmt sich noch einmal gesondert mit dem Blick der Anderen wahr. Gleichwohl ist es auffällig, dass Designer sich bis dato keine eigene Professionsethik verliehen haben. Immer wieder werden Versuche unternommen, in die eigene Branche hinein Signale zu setzen, die ein Ungenügen an der eigenen Praxis zum Ausdruck bringen.

Ein erster wichtiger Weckruf ist das 1964 publizierte „First Things First"-Manifest von Ken Garland x. Die Unterzeichner haben in diesem Manifest ihre eigene Rolle und Identität als Gestalter, Fotografen und Designstudierende öffentlich infrage gestellt. Sie haben sich und ihre Branche einer kritischen Selbstbetrachtung unterzogen. Im Zentrum ihrer Kritik stand die Werbung, deren Hauptaugenmerk es sei, Katzenfutter, gestreifte Zahnpasta, Diätprodukte und andere Konsumgüter an den Mann oder die Frau zu bringen. Beklagt wird die Lautstärke der Werbung, ihre persuasiven Qualitäten x, die von wichtigeren Gütern des Lebens ablenken.

x
Ken Garland
1929–2021
Grafikdesigner, Fotograf und Autor. Er war auch Mitunterzeichner des „First Things First Manifesto 2000".

x
Persuasion
Überredungskunst, die in der modernen PR, Propaganda, Werbung und im Marketing verwendet wird und Sprache zum Zweck der Beeinflussung von Personen rhetorisch geschickt einsetzt.

Interessanterweise finden wir artverwandte Beobachtungen bereits in der antiken Stoa. Marc Aurel [x] hat in seinen berühmten *Selbstbetrachtungen* dafür argumentiert, dass Personen durch die Dinge oder Güter, mit denen sie sich intensiver befassen, zum Ausdruck bringen, was ihnen persönlich wichtig ist. Aurel zufolge gilt: Je höherwertiger die Güter, mit denen man sich befasse, umso höher sei der Rang der Person. Aurel hatte gut Reden. Er war von 161 bis 180 n. Chr. Kaiser des Römischen Reiches. Er kam für sich zu der Einsicht, dass das Beste sei, nicht zu „verkaisern". In der Sprache der modernen Soziologie bedeutet dies: Identifiziere dich nicht restlos mit der dir zugedachten Rolle. Sei dir bewusst, dass es sich um eine Rolle handelt, die du, um der anderen Menschen willen, gut zu spielen hast. Diese Einsicht enthält eine wichtige Botschaft: Wir sollten moralisch sein, und zwar im Interesse des Wohls anderer Menschen und des allen gemeinsamen Nutzens willen. Darum plädiert Aurel für ein Maximum an Gemeinwohlorientierung im Arbeiten, Reden und Handeln.[79] Er votiert für „das Nützliche" als das „höchste Gut".[80]

x
Marc Aurel
121–180 n. Chr.
Römischer Kaiser und Vertreter der stoischen Philosophie, die besonderen Wert auf eine selbstbeherrschte innere Verfassung des Menschen gelegt und ein Ideal der Seelenruhe verfolgt hat.

Erstaunlicherweise ist dies auch die Kernaussage der „First Things First"-Manifest-Unterzeichner. Sie treten dafür ein, wahrhaft nützliche Dinge herzustellen wie Handlungsanleitungen, Straßenzeichen, Hilfsmittel für die Erziehung und Wissenschaftspublikationen. Sie wollen ihre Talente auf Gegenstände richten, die einen allgemeinen Nutzen und einen öffentlich sichtbaren Wert darstellen. Die von ihnen reklamierte Prioritätenverschiebung setzt eine implizite Werthierarchie voraus. Wir entsinnen uns der Forderung von John Ruskin nach „adelnder Arbeit". Die Dinge des Lebens erhalten offenbar dann einen höherrangigen Wert, wenn sie der Erziehung des Menschengeschlechts dienen. In „worthwhile purposes" (also wertvollen Zwecken) erblickt die Gruppe der Unterzeichner eine ideale Handlungsdimension. Sie wollen imstande sein, im Medium Design allgemeingültige Orientierungsmaßstäbe zu entwickeln.

Betrachtet man die Initiative mit den Augen eines Moralskeptikers, sieht die Aktion naturgemäß anders aus: Ihre Absicht, wertvolle Zwecke zu realisieren, erscheint dann nicht länger als ehrenwerte Angelegenheit, sondern als eine verkappte Marketingstrategie. Das ist nämlich die Kehrseite der moralischen Kommunikation. Eine allzu ostentative Ausstellung von Wertebewusstsein zieht sich leicht den Vorwurf zu, ein Mittel zur Reputationsbewirtschaftung zu sein. Dieser Dialektik entkommt man nicht. Sie hat mit modernen Paradoxien der Glaubwürdigkeit und, wenn man so will, der Vermittlung von Authentizität zu tun.

Diese Problematik zeigt, wie sehr eine jede Güterethik darauf angewiesen ist, durch tugendethisch motivierte Haltungen ergänzt zu werden. Es genügt nicht, höhere Güter und ideale Zwecke anzustreben und darüber zu kommunizieren. Man muss auch dafür sorgen, dass sich der Gehalt der Aussagen in der Praxis manifestiert.

Das traditionelle Wort für diese Art der Manifestation lautet Tugend. Eine der Tugenden, auf die wir bereits aufmerksam wurden, ist die Achtung der eigenen Person. Selbstachtung ist ein hohes Gut. Sie setzt die Fähigkeit des Selbstdenkens voraus, was wiederum erst ab einem gewissen Stadium der Reife wahrscheinlich ist. Überdies ist die Selbstachtung (wie die Würde) bedingt durch eine relative Handlungsautonomie. Ihr Höchstmaß bezeichnen wir als Souveränität. Die Unterzeichner der „First Things First“-Kampagne waren womöglich auf der Suche nach Würde und Souveränität. Sie wollten sich wahrhaft nützlich machen, aber nicht in einem stumpf-utilitaristischen Sinn. Sie wollten es mit den res publica, mit Dingen von öffentlichem Belang, zu schaffen haben. Anscheinend gibt es einen inneren Zusammenhang zwischen allgemeinen Bestimmungen des Tugendhaften und den Pflichten gegen sich selbst. Wer auf diesen Zusammenhang stößt, findet einen moralischen Kraftquell. Die Vermutung der Verfasser des Manifests scheint zu sein, dass ein solcher Quell der Tugend Gefahr läuft zu verstopfen, wenn Designerinnen und Designer sich einem Objektkult unterwerfen und ihre Talente auf dem Altar der Reklame für Zigaretten, Deoroller und Körperlotion verschleudern. Diesen Kult der Dinge kann man mit Karl Marx als Produkt- und Warenfetisch x beschreiben.[81] Was Marx als Vorgang der Fetischisierung beschrieben hat, scheint auf die Vermittler des Dingkults zurückzuwirken. Sensiblere Naturen scheinen zu merken, dass dieser Prozess mit Verletzungen der personalen Würde einhergehen kann. Das Grundproblem eines solchen Verlusts personaler Würde hat an Aktualität nicht eingebüßt.

x
Produkt- und Warenfetisch
Waren sind wie Geld kulturelle Leistungen des Menschen, die aber im Rahmen des Kapitalismus als quasinatürliche Gegebenheiten interpretiert und solchermaßen gesellschaftlich fetischisiert werden.

Viktor Papanek oder Über wahre und falsche Bedürfnisse

Die soziologische Forschung der 1950er-Jahre bietet starke Belege dafür, dass die Gestaltung des modernen Lebens nicht nur heilsame, das Leben verbessernde Effekte mit sich bringt. Zu den zentralen Gewährsmännern einer kritischen Soziologie zählen David Riesman mit seiner Studie *The Lonely Crowd* (1950) und Erich Fromm mit *The Sane Society* (1955). Doch nicht nur innerhalb der wissenschaftlichen Community vermehrten sich seinerzeit die Indizien, dass die moderne Gesellschaft Sozialpathologien entfaltet, also Krankheitsbilder, die unter anderem mit der Bewirtschaftung der menschlichen Bedürfnisse zusammenhängen. Auch im allgemeinen öffentlichen Bewusstsein bürgert sich die Rede von der „Überflussgesellschaft“ [x] ein. Immer mehr Menschen beschleicht die Einsicht, Träger falscher Bedürfnisse zu sein. Im Wesentlichen sind damit „fremde, oktroyierte Bedürfnisse, Bedürfnisse ‚von außen‘“ [82] gemeint. Vance Packard [x] hat in *The Hidden Persuaders* (1957, dt.: *Die geheimen Verführer. Der Griff nach dem Unbewussten in Jedermann*) auf die neuen Werbe- und Propagandatechniken Bezug genommen, mit deren Hilfe ein Zugriff auf die vorbewussten Strukturen der Menschen möglich ist und künstliche Bedürfnisse gezielt geweckt werden können.

x
Überflussgesellschaft
Bezeichnet eine Gesellschaft, in der weit mehr Güter vorhanden sind, als für die Deckung der Grundbedürfnisse der Bevölkerung zwingend wäre. Der Überfluss kann zu einer Kultur des blinden Konsums und Wegwerfens führen und psychisch wie physisch krank machen.

x
Vance Packard
1914–1996
US-amerikanischer Publizist, der in seinen Schriften die Verschwendungssucht innerhalb der kapitalistischen Ökonomie anprangerte und die Medienmanipulation durch Techniken der Massenpsychologie kritisierte.

Unter dem Eindruck einer sozialen und auch politischen Verunsicherung im Übergang von den 1960er- zu den 1970er-Jahren gehen einige Selbstgewissheiten im westlichen Welt- und Menschenbild über Bord. Dazu gehört auch das vermeintliche Wissen der Bürgerinnen und Bürger des Westens, „was ihre Bedürfnisse sind und durch den Einsatz welcher Mittel sie optimal befriedigt werden können.“ [83]

Dagegen kann man es einer List der Marktvernunft zuschreiben, dass die modernen Individuen in ihrem Autonomiebestreben bestärkt werden. So wird die Kaufentscheidung zu einem Beweis von Selbstbestimmung (v)erklärt. Zugleich muss es aber als Ironie der Geschichte angesehen werden, dass ausgerechnet das einseitige autonome Bestreben des Wirtschaftssubjekts als Entfaltung von Freiheit angesehen wird. Im liberalen Narrativ gilt die Entscheidungsfreiheit des Konsumenten bezüglich Produkten, Gütern oder

Dienstleistungen als Ausweis einer offenen Marktgesellschaft. Ein bekannter Glaubenssatz der Marktliberalen ist „Der Kunde hat immer recht"; ganz gleich, was die Kundschaft begehrt.

Es stellt sich allerdings die Frage, ob es sich hierbei nicht um eine Selbsttäuschung handelt. Denn immerhin werden Jahr für Jahr Unsummen in die Reklame für neue Produkte investiert, d.h. ein immenser Aufwand betrieben, um die Konsumentinnen und Konsumenten zu ihrer „freien" Kaufentscheidung zu bewegen. Zweck der Bewerbung ist die Umsatzsteigerung, und dies für Artikel, die meist nur bedingt nützlich sind. Ansonsten müsste ihr Absatz nicht durch Marketing befördert werden. Werbung ist durch und durch Ideologie, sofern man darunter „affirmative Identifizierungen" versteht, „in denen Wünsche stecken: Sie repräsentiert das imaginäre Verhältnis der Individuen zu den wirklichen Verhältnissen; d.h.: Die Ideologie zeigt nicht die wirklichen Verhältnisse [...], sondern vielmehr die Art, wie die Individuen sich selbst gerne innerhalb dieser Verhältnisse sehen möchten." [84]

x
Herbert Marcuse 1898–1979
Deutsch-US-amerikanischer Philosoph und Soziologe, der mit seinen weltweit rezipierten gesellschaftskritischen Schriften wie *Triebstruktur und Gesellschaft* und *Der eindimensionale Mensch* die Studentenbewegung der 1960er-Jahre inspirierte.

Die Grundentscheidung jeder Ideologiekritik ist die zwischen wahren oder falschen Bedürfnissen. Diesen begrifflichen Unterschied hat der Philosoph Herbert Marcuse [x] wie folgt erläutert:

> „‚Falsch' sind diejenigen [Bedürfnisse], die dem Individuum durch partikuläre gesellschaftliche Mächte, die an seiner Unterdrückung interessiert sind, auferlegt werden: diejenigen Bedürfnisse, die harte Arbeit, Aggressivität, Elend und Ungerechtigkeit verewigen." [85]

x
Theodor W. Adorno 1903–1969
Deutscher Philosoph und Soziologe, der gemeinsam mit Max Horkheimer als Mitbegründer der Kritischen Theorie gilt, die auch unter dem Namen „Frankfurter Schule" Geistesgeschichte geschrieben hat.

Das Dilemma besteht darin, dass die Individuen selbst in der Lage sein müssten zu bestimmen, was für sie wahre und falsche Bedürfnisse sind. Doch solange „sie davon abgehalten werden, autonom zu sein, solange sie (bis in ihre Triebe hinein) geschult und manipuliert werden, kann ihre Antwort auf diese Frage nicht als ihre eigene verstanden werden." [86] Da die Konsumenten keineswegs souverän und die Kundinnen und Kunden auch keine Königinnen und Könige sind, muss erst die Selbstwidersprüchlichkeit der Aufklärung bewältigt werden, die nach Theodor W. Adorno [x] im Gelingen einer „Erziehung zur Mündigkeit" besteht, d.h. in der Anleitung zum sinnvollen Umgang mit der eigenen Freiheit. Daraus würde folgen, dass die Subjekte nicht gegen ihre ureigenen Interessen handeln. Aber wer weiß schon aus eigenem Antrieb, was die wahren Bedürfnisse des Menschen sind?

Eines der berühmtesten Bücher der Designtheorie aller Zeiten nimmt diese Frage auf. Viktor Papaneks ˣ Buch *Design For The Real World. Human Ecology and Social Change* geht seit 1971 in zahlreichen Auflagen der Frage nach den wahren Bedürfnissen auf den Grund. Papanek ist jener Gestalter und Denker, der mit der Aussage „All men are designers" Furore gemacht hat. Kunstfreunde fühlen sich nicht zu Unrecht an das Diktum von Joseph Beuys ˣ „Jeder Mensch ist ein Künstler" erinnert. Beiden Aussagen wohnt der Gedanke inne, dass wir analog zur Verantwortung des Künstlers für sein Werk als moderne Menschen für unser Tun und Unterlassen verantwortlich sind und uns auf keine andere Autorität als die der eigenen Autorschaft bzw. Handlungsurheberschaft stützen können. Moralisch handeln und entscheiden kann nur jeder selbst.

x
Viktor Papanek
1923–1998
Österreichisch-US-amerikanischer Designer und Theoretiker, der für eine Formgebung und nachhaltige Gestaltung in allen Lebensbereichen eintrat, die für die Gebraucher wahrhaft nützlich ist. Er gilt als Vorreiter des Social Designs.

x
Joseph Beuys
1921–1986
Fluxus-und Aktionskünstler, Bildhauer, Hochschullehrer und politischer Aktivist, der mit seinen Ideen zum „erweiterten Kunstbegriff" und zur „Sozialen Plastik" das Kunstwerk als eine gesellschaftstransformierende Kraft etablierte.

Papaneks Diktum zielt aber weniger auf die künstlerische „Autorität durch Autorschaft" [87] als Kernprinzip von individueller Aussagenautorität, sondern auf das allgemein menschliche Gestaltungsvermögen, das er bei jedem Menschen angelegt sieht, wenn er schreibt: „All men are designers. All that we do, almost all the time, is design, for design is basic to all human activity [...] *Design is the conscious and intuitive effort to impose a meaningful order.* " [88] Dass es für das menschliche Zusammenleben einer bedeutsamen Ordnung bedarf, war schon Aristoteles bewusst, als er die *Nikomachische Ethik* verfasste. Dass diese Ordnung nicht naturgegeben, sondern Gestaltungsresultat ist, ist ein Verständnis, zu dem Papanek viel beigetragen hat. Doch dieses designanthropologische Selbstverständnis als Weltentwerfer ist nicht unproblematisch. Denn es hat eine Art von designerischer Allzuständigkeit Vorschub geleistet, die in die ethische Überforderung oder die moralische Anmaßung führen kann. In einem ähnlich kämpferischen Ton wie Marcuse einige Jahre zuvor hat Papanek eine enorme Ausweitung der Verantwortungszone eingefordert. Gleich zu Beginn seiner Schrift prangert er die Designbranche aufs Schärfste an:

> „Es gibt Berufe, die mehr Schaden anrichten als der des Industriedesigners, aber viele sind es nicht. Verlogener ist wahrscheinlich nur noch ein Beruf: Werbung zu machen, die Menschen davon überzeugen, dass sie Dinge kaufen müssen, die sie nicht brauchen, um Geld [auszugeben], das sie nicht haben, damit sie andere beeindrucken, denen das egal ist – das ist vermutlich der schlimmste Beruf, den es heute gibt. [...] Früher [...] musste man, wenn man gerne Menschen umbrachte, noch General werden, ein Kohlekraftwerk kaufen oder Kernphysik studieren. Heute kann durch industrielle Formgebung Mord auf Basis der Massenproduktion erfolgen.“ [90]

In Europa wurde Papanek mit dieser Anklage rasch zu einem begehrten public intellectual, wohingegen man ihn in den USA aus den einschlägigen Design-Gesellschaften hinauswarf. Philosophisch gesehen stellt seine Provokation eine interessante Position dar, die sich nicht so leicht aus der Welt schaffen lässt. Papanek scheint davon auszugehen, dass der kleinste gemeinsame Nenner jeder ethischen Position in dem Grundsatz bestehen muss, andere nicht absichtsvoll zu täuschen. Papaneks Annahme könnte man jedoch entgegenhalten, dass doch viele Subjekte in der modernen Massengesellschaft zum Mittel der Manipulation und Täuschung greifen müssen, um ihren Lebensunterhalt zu verdienen, und eben darum mehrheitlich einer Illusion der Rechtschaffenheit anhängen. Der Eindruck der Rechtschaffenheit entsteht durch einen Masseneffekt: Wenn die Täuschung gewissermaßen als handelsüblich gilt, was ist dann gegen sie einzuwenden? Sie nistet sich im individuellen und kollektiven Bewusstsein ein und führt dort zu Verheerungen.

x
Erich Fromm
1900–1980
Deutsch-US-amerikanischer Psychoanalytiker, Philosoph und Gesellschaftskritiker, der im Rahmen seiner Tätigkeit für das Frankfurter Institut für Sozialforschung wichtige Studien zum autoritären Charakter entwickelte.

Zu Papaneks Zeiten beschreibt der Psychoanalytiker Erich Fromm [x] einen vorherrschenden Soziotypus als den „Marketing-Charakter“, für den „sich alles in Konsumware“ verwandelt, „nicht nur die Dinge, sondern auch der Mensch selbst, seine physische Energie, seine Fertigkeiten, sein Wissen, seine Meinungen, seine Gefühle, ja sogar sein Lächeln.“ [91] Dieser Typus erzielt die für seinen Selbstwert relevante Anerkennung durch die Konformität mit sich ständig wechselnden Verhältnissen, die ihm vorgaukeln, wie für ihn gemacht zu sein. Menschen sind aufgrund ihrer

Grundbedürfnisse und erweiterten Bedürfnisse nach Anerkennung und Wertschätzung manipulierbar. An dieser Systemstelle setzt Papaneks Kritik an: Er bezweifelt, dass wir die Dinge, die über den unmittelbaren Zusammenhang des täglich notwendigen Gebrauchs hinausgehen, wirklich benötigen. Was also sind, mit Papanek gefragt, notwendige Bedürfnisse und Lebensmittel, auf die wir angewiesen sind, um ein gutes und gelingendes Leben bestreiten zu können? Und welchen Beitrag können hier Designer leisten? In der modernen Industriegesellschaft geht der Erwerb von Designartefakten (zum Beispiel Smartphones, Uhren) mit dem Versprechen einher, soziale Anerkennung und Status zu erlangen. Doch kann dieses Versprechen wirklich halten, was es in Aussicht stellt? Meinen die Bewohnerinnen und Bewohner moderner Gesellschaften vielleicht bloß, sich durch Massenkonsum Wertschätzung erkaufen zu können, aber am Ende tritt diese Befriedigung überhaupt nicht ein?

Papanek verdeutlicht einen Konflikt zwischen dem volkswirtschaftlich in Aussicht gestellten Nutzen durch den Umsatz von Designprodukten einerseits und den Folgeschäden, den die Herstellung dieser Produkte in der Welt anrichtet. Die Mehrzahl der Menschen sieht in der Regel nur einen Ausschnitt des gesellschaftlichen Beziehungsnetzes, in das sie durch Konsum- und Produktionsentscheidungen eingebettet ist. Auch Designer machen sich, wie Papanek verdeutlicht, gegenüber anderen Beteiligten im globalen Gesamtsystem potenziell mitschuldig, weil sie deren Glücks- und Entfaltungsmöglichkeiten durch das Verfolgen ihrer Partikularinteressen hemmen.

Designerinnen und Designer werden von Papanek als Schlüsselkomplizen der Massengüterindustrie angesehen, die meist skrupellos den Verschleiß ihrer Produkte in Kauf nimmt oder sogar vorsieht. Dass die Produkte in immer kürzeren Zyklen veralten – und der Nutzer gleichsam mit ihnen – führt dazu, dass sich alle Komponenten im System der Bedürfnisse [x] auf permanente Updates einstellen und ständig neue Produkte erwerben müssen. Anders gesagt: Je höher die Innovationsrate, desto sicherer ist, dass die Subjekte selbst nicht up to date sind.

x
System der Bedürfnisse
Für Hegel setzt sich die bürgerliche Gesellschaft aus dem Beziehungsnetz eigennütziger Individuen zusammen, wobei das Bedürfnis nach Anerkennung die selbstsüchtigen Individuen gemeinschaftsfähig macht.

Für all dies will Papanek Designer zur Rechenschaft ziehen. Doch wie überzeugend ist seine Fundamentalkritik: Schreibt er Designerinnen und Designern nicht vielleicht doch zu viel Verantwortung für die Folgen ihres Tuns zu? Beim Nachdenken über die Verantwortung von Designerinnen und Designern ist es hilfreich, drei Aspekte näher zu betrachten: a) Über welches Wissen verfügen sie, b) waren sie frei, auch anders zu handeln, und c) besteht ein kausaler Zusammenhang zwischen dem Handeln der Designerinnen und Designer und den von Papanek angeprangerten Handlungsfolgen?

Mit Blick auf a) wäre die Frage zu diskutieren, wie viel Designerinnen und Designer über die Schädlichkeit ihres Handelns vorab wissen können.[92] Die Verantwortung wächst hier gewissermaßen mit dem Wissen des jeweiligen Akteurs. Gerade heutzutage beinhaltet die Wissenskomponente der Verantwortung aber auch, dass Designschaffende sich im Rahmen ihrer Möglichkeiten über vorhersehbare Folgen ihres Tuns informieren sollten und nicht ohne Weiteres darauf zurückziehen können, sie hätten von bestimmten Dingen nichts gewusst. Neben der Wissenskomponente wäre darüber hinaus zu betrachten, ob mit Blick auf b) das jeweilige Individuum frei ist, einen Designjob anzunehmen, einen bestimmten Auftrag abzulehnen oder nicht. Der unwiderlegliche ökonomische Handlungsdruck mag als mindernder Faktor der Verantwortungszuschreibung durchgehen, auch wenn er nicht ohne Weiteres von jeder Verantwortung entlasten kann. Schließlich sollte man angesichts von Papaneks zum Teil sehr pauschaler Kritik eine dritte Komponente zu c) berücksichtigen. So muss man sich fragen, ob er einzelne Designer wirklich ernsthaft zur Verantwortung ziehen kann, ohne geklärt zu haben, ob sie oder er wirklich in einem kausalen Sinn Verursacher moralisch verwerflicher Handlungsfolgen sind. Erst wenn eine Beziehung zwischen einer Handlung und einem kausal daraus hervorgehenden Ergebnis besteht, wäre die Person gemäß der dritten Komponente für eine moralische Entgleisung zur Verantwortung zu ziehen.

Es wäre auch anzumerken, dass Designer für viele der von Papanek beschriebenen Missstände, wenn überhaupt, nur indirekt, nicht aber direkt kausal verantwortlich sind. Die Art und Weise der kausalen Beteiligung ist damit nicht widerlegt. Sie erfordert aber vermutlich eine weitaus komplexere Analyse als die, die Papanek uns anbietet. Lässt man die drei Zuschreibungskriterien a) Wissen, b) Freiheit und c) Kausalität gelten, wird deutlich, dass Papanek mit seiner Attacke über das Ziel hinausgeschossen hat. Zumindest lassen seine Ausführungen großen Raum für weitere Differenzierungen.

Die Gefahr, dass Akteuren in einem sehr generellen Sinn Verantwortung zugeschrieben wird, besteht heutzutage in vielen Kontexten. Dieser Umstand überlagert sich zusätzlich mit einem denkbar weiten Designbegriff, der mittlerweile gebräuchlich ist. Als Folge hat man es schlagartig mit einer Welt voller Designhandlungen zu tun. Nicht nur das planvolle Nachdenken und Schematisieren führt dann zu Designhandlungen, sondern das gesamte In-der-Welt-Sein erhält den Charakter des Weltentwurfs.

Für Papanek ist ein von Wertungen und Verantwortlichkeiten befreites Handeln für Designerinnen und Designer förmlich ausgeschlossen. Eine wertneutrale Position („moral neutrality") für sich zu reklamieren, sei die typische Haltung der wohlbestallten „design officials", die sich den Bedingungen des „advertising-design-manufacturing-market research-profiteering complex" unterworfen hätten.[93] Papaneks Versuch, gerade diese Leute zu attackieren, darf als gelungen gelten. Gescheitert ist er aber mit dem Versuch, mit seiner Schrift unverantwortliches Design per se aus der Welt zu räumen. Weiterhin gibt es in der Designszene zahllose Beispiel für Produkte, die Ausdruck männlichen Chauvinismus und sexueller Ausbeutung („male chauvinism, and sexual exploitation"[94]) sind, worauf wir später noch einmal zu sprechen kommen müssen.

Doch moralischer Rigorismus ist nicht unproblematisch. Denn was bewirkt ein moralischer Rundumschlag dieser Güte? Papaneks Fundamentalkritik kann zum Erweckungserlebnis führen – entsprechend lässt man als Designer vielleicht die Finger von der Gestaltung und resigniert aufgrund moralischer Skrupel. Oder aber man geht potenzieller Frustration aus dem Weg, indem man die eigene Verwicklung in Produktionswahn und Konsumerismus verleugnet und sich in designnihilistischer Vergleichgültigung einübt. Trotzdem ist Papaneks Angriff auf die Branche wahrscheinlich notwendig gewesen, um sich als Designerin oder Designer aufrichtiger die Frage vorzulegen, was wir wirklich benötigen, um uns als Menschen gut behandelt zu fühlen. Dies werden jedoch künftig wohl keine Massenprodukte sein können, die wir millionenfach herstellen, weil wir uns selbst damit auf Dauer die natürlichen Lebensgrundlagen entziehen. Papaneks bleibendes Verdienst ist es daher, nachdrücklich infrage gestellt zu haben, ob wir alle Artikel, die wir derzeit nutzen, unbesehen und in großen Stückzahlen weiter produzieren sollten; vieles davon gehört auf den ökologischen und ethischen Prüfstand. Den Menschen kann es nicht ernsthaft gleichgültig sein, wie ihre Umwelt aussieht.

Dieter Rams' Designphilosophie und die Zehn Thesen für gutes Design

„Gleichgültigkeit gegenüber den Menschen und der Wirklichkeit, in der sie leben, ist die einzig wirkliche Todsünde beim Design"[95], behauptet der Produkt- und Industriedesigner Dieter Rams [x]. Gleichgültigkeit ist ein emotionaler Zustand, der in Apathie und Gefühllosigkeit umschlagen kann. Das können sich Designerinnen und Designer nicht erlauben. Sie sind auf ein sinnliches Sensorium angewiesen, auf Öffnungen hin zu ihren sozialen, ökologischen, kulturellen wie ökonomischen Umwelten.

x
Dieter Rams
***1932**
Gilt als einflussreichster deutscher Industriedesigner der Nachkriegszeit, der mit Produkten wie dem SK 4 Plattenspieler, dem T 4 Taschenradio und dem 606 Regalsystem formsprachliche Maßstäbe gesetzt und Designgeschichte geschrieben hat.

Wir haben schon von der Ulmer Hochschule für Gestaltung gehört und die herausragende Bedeutung ihrer Gründerpersönlichkeiten Inge Aicher-Scholl und Otl Aicher gewürdigt. Von der HfG Ulm mit ihrem Gründungsdirektor Max Bill führt eine weitere Spur zur guten, weil sachlich richtigen wie ethisch rechtfertigbaren Form. Diese Fährte führt uns in den Frankfurter Raum und endet bei der Elektrogerätefirma Braun, für die Rams in den Jahren 1961 bis 1995 als Leiter der Produktdesign-Abteilung tätig war. Der Spur von Ulm zur Firma Braun in Kronberg, wo man die ersten Radiogeräte „in Zusammenarbeit mit der Hochschule für Gestaltung in Ulm geschaffen"[96] hat, kann man einen Namen geben, und zwar den des „Funktionalismus".

Funktionalismus ist die Zauberformel, mit der junge Industriedesigner und Innenarchitekten das biedere bürgerliche Milieu der Nachkriegszeit aufmischten. Doch die Formel ist ihrerseits kein Selbstzweck, sondern Ausdruck eines Verlangens nach Konzepten und Details, die sitzen – und zwar nicht nur in der „guten Stube" als dem wohnlichen Ort familiärer Selbstrepräsentation.

Dieter Rams ist es gelungen, eine Vielzahl von Produktbereichen mit dem Geist des funktionalistischen Designs zu versehen. Als besonders lehrreich haben sich über die Jahrzehnte hinweg die Radio- und Elektrogeräte, Küchenmaschinen und fototechnischen Apparate erwiesen, mit denen Rams gestalterische Maßstäbe gesetzt hat. In seiner Zeit bei Braun designte er zusammen mit seinem Team 514 Produkte.

x
Massimo Vignelli
1931–2014
Italienischer Architekt, vielfach ausgezeichneter Industrie- und Grafikdesigner sowie Hochschullehrer.

Zahlreiche Designer brachten und bringen seinen Arbeiten große Wertschätzung entgegen. So meint etwa Massimo Vignelli x, dass Rams „mit seiner Design-Philosophie" in „einer von Konsumsucht und Ideologie des schnellen Veraltens geprägten Gesellschaft" ein bedeutsames Korrektiv gewesen sei als jemand, der mit „hoher Integrität, sozialer Verantwortung und unübertroffener intellektueller Feinheit" viele Menschen inspirieren konnte.[97] Was Vignelli als „Konsumsucht" bezeichnet, ist eine Folge ausgefuchster „Strategien der Kundenbindung", wobei die Sucht selbst längst eine „tragende Funktion" in der zeitgenössischen Ökonomie innehat.[98] Anscheinend ist es aber möglich, der Sucht andere gestalterische Qualitäten entgegenzuhalten. Qualitäten, die viel mit persönlicher Haltung und individuellem Idealismus zu tun haben, wie sie für Dieter Rams' Arbeit kennzeichnend sind. Von Rams und seiner Arbeit ließe sich mit einigem Recht behaupten: „Le style – c'est l'homme" (Georges-Louis Leclerc de Buffon). Doch damit würde man das Wesen seiner Werktätigkeit womöglich verfehlen.

Folgt man den verschiedenen Stellungnahmen über sein Werkschaffen, stellen viele Beobachter fest, dass man es offenkundig mit einer Haltung zu tun hat, die den von ihm gestalteten Produkten abzulesen sind – und zwar nicht im Sinne der Umsetzung von strikten „Regeln einer Stillehre, sondern nach den Gesetzen einer Design-Ethik."[99] Für diese Designethik scheint das Prinzip der „Sparsamkeit" ebenso bedeutsam (gewesen) zu sein wie die Idee der „Zurückhaltung", die im Übrigen auch dem Unternehmenschef Erwin Braun angemessen erschien, von dem die folgende Aussage stammt: „Unsere elektrischen Apparate sollten demütige Helfer und Diener sein, die so wenig wie möglich gesehen und gehört werden. Sie sollten sich am liebsten im Hintergrund halten, wie die Kammerdiener früherer Zeiten, die man kaum bemerkte."[100] Diese Aussage wirkt wie ein Ruf aus einer vollkommen anderen Epoche, spielt aber auch heute bei der Gestaltung von IT-Produkten wieder eine Rolle, die in Gestalt von diskreten App-Lösungen auftreten.

Rams ist mit seinen Arbeiten dem Versprechen des modernen Designs nachgekommen, Beiträge zu einem besseren Leben zu leisten. Laut Jonathan Ive [x] machte Rams stets Design, „wie es sein sollte", nämlich so, dass „die Industrie verantwortungsbewusst vielen Menschen nützliche, durchdachte Produkte zur Verfügung stellen konnte."[101] Offenbar machte er das so gut, dass eine Vielzahl von Designerinnen und Designern ihn kopierten. So stellte etwa Andreas Brandolini [x] eine Menge von „Trittbrettfahrer[n]" fest, die sich einer „Design-Philosophie" à la Rams bedient haben, die zu einem „Second-hand-Dogma" wurde.[102] Interessant und zugleich ambivalent an dieser Einschätzung ist, dass der Erfolg von Rams' Designphilosophie als allgemein anerkannt und wertvoll eingestuft wird. Doch kann man eine solche Philosophie kopieren und trotzdem ein origineller Gestalter, eine originelle Gestalterin sein? Offenbar ist der Ausdruck Designphilosophie in diesem Zusammenhang erläuterungsbedürftig. Gemeint sein könnten

x
Jonathan Ive
*1967
Britischer Designer, der maßgeblich die Gestalt von Apple-Produkten und das Retaildesign der Apple-Stores prägte.

x
Andreas Brandolini
*1951
Architekt, Produktdesigner und Mitbegründer des „Neuen Deutschen Design", der in seinem Werkschaffen die Kritik am Funktionalismus in Radikaldesign überführte.

a) die Designprodukte, die bestimmte Ideen und Werte verkörpern, nämlich die ihres Urhebers und seines Designteams, das Innovation oder andere Werte hervorbringt, die man als ihre „Philosophie" bezeichnen könnte;
b) eine systematische Untersuchung zu Sinn und Zweck des Designs im Sinne einer originär philosophischen Untersuchung oder
c) die Ausstellung einer Unternehmensphilosophie, die aber vornehmlich strategischen Charakter aufweist.

Anscheinend macht es einen Unterschied, wenn man wie Daniel Martin Feige Designphilosophie als das Unterfangen kennzeichnet, eine „angemessene Deutung der Grundbegriffe" des Designs zu geben, die untereinander in eine „Konstellation" gebracht werden, oder ob man das Wort Philosophie eher als eine Art strategisches Feigenblatt benutzt, um auf heiß umkämpften Märkten einen prononcierten Unterschied zu machen.[103] Schließlich ist es schwer genug, auf von Überproduktion geprägten Märkten noch mit Waren aufzuwarten, die sich signifikant von den Angeboten der Konkurrenz abheben. Angesichts dessen ist eine Designphilosophie kein intellektueller Selbstzweck, sondern fast schon ein zwingendes Extra, das zur Formulierung eines Produktangebots dazugehört. Der gute Ton der PR fordert förmlich Aussagen über die besondere Güte des Designs. Und diese Güte trägt man dann im Gewand der Designphilosophie in die Öffentlichkeit, obschon es sich in Wahrheit lediglich um ein Markendesign handelt, das meist keine herausragenden Qualitäten aufweisen kann.

Rams kann bis heute als Designer besonderer Güte gelten, was unter anderem mit seinem unbedingten Verlangen nach einem in sich stimmigen Designethos zusammenhängt, das sich den wandelnden Herausforderungen der Zeit gewachsen zeigte. Denn während seine Generation anfänglich gegen die „Unzulänglichkeiten der Nachkriegszeit kämpfen" musste, heißen die „Herausforderungen [seines Erachtens] Schutz der natürlichen Umwelt und Überwindung eines gedankenlosen Konsums", so hält Rams es in seinem *Tokyo-Manifest* fest.[104] Ohne Designethos ergibt Gestalten für ihn keinen Sinn. Denn ohne eine Haltung, so seine Überzeugung, werde es wohl kaum möglich sein, sich gegen die Zwänge zu behaupten, mit denen sich im marktwirtschaftlichen System Designerinnen und Designer konfrontiert sehen. Gemeint sind hiermit die Zwänge, die aus dem Marketing kommen und die als Imperativ des Marktes auftreten, beständig die Verkaufbarkeit von Produkten zu erhöhen, um gegenüber der Konkurrenz nicht ins Hintertreffen zu gelangen.

x
Uta Brandes
*1949
Designtheoretikerin und -beraterin, die das Thema Genderdesign in der deutschen Designforschung etabliert hat.

Der Designexpertin Uta Brandes [x] teilte Rams im Rahmen eines Gesprächs mit, dass „‚Ideale, Begeisterung und ein fester Glaube (an die designerische Qualität) Berge versetzen' könnten, später begreift er Design [so Brandes] als rationale Vermittlungs- und Koordinierungsinstanz zwischen dem Gebrauchswert [x] der Produkte und unternehmensbezogenen Vermarktungsinteressen, und zum Schluß schimpft er auf die Werbe- und Marketingstrategen, die dem Design eine Unterordnung unter die reine Verkäuflichkeit aufzwingen wollen [...]."[105]

x
Gebrauchswert
Der Nutzen, den der Gebraucher im Sinne der Stillung eines Bedürfnisses durch ein Produkt erfährt.

Rams ist nur zu bewusst, dass es einen systemischen Widerspruch zwischen dem konkreten Gebrauchswert und dem Tauschwert der Dinge und Dienstleistungen gibt. Mag auch aus unternehmerischer Sicht der Tauschwert im Vordergrund stehen, so wird Rams jahrzehntelang nicht müde, die Bedeutung der Bildung denkbar ernst zu nehmen. Einer Bildung des Designnachwuchses, die nicht bei der Ausbildung zum braven „Erfüller fremdbestimmter Leistung“[106] stehen bleibt, geht er seit 1981 an der Hochschule für bildende Künste Hamburg in verantwortlicher Position nach.

Als Professor hat er weltweit diskutierte Thesen zur Bestimmung des guten Designs entwickelt. Wohlgemerkt, Rams hat nicht etwa Leitlinien zum konkreten Umgang mit Auftraggebern oder Kunden aufgestellt. Er hatte keinen Berufskodex so wie Raymond Loewy verfasst. Vielmehr hat er Thesen formuliert, die für Konflikte sensibilisieren können, in die Produktgestalterinnen und -gestalter unweigerlich geraten, sobald sie über ihre eigene Profession anfangen nachzudenken. Rams ist ein gutes Beispiel für einen Gestalter, der nicht nur „ernsthaft an die Durchsetzung der Ideale eines guten und immer besseren Designs“ geglaubt hat, sondern auch überaus „genaue Vorstellungen“ davon hatte, wie gutes und besseres Design aussehen soll.[107] Im Kontext eines Vortrags in Washington brachte er 1985 seine berühmten zehn Thesen zur Geltung:

„1 Gutes Design ist innovativ. Die Möglichkeiten für Innovation sind noch längst nicht ausgeschöpft. Die technologische Entwicklung bietet immer wieder neue Ausgangspunkte für innovative Gestaltungskonzepte, die den Gebrauchswert eines Produkts optimieren. Innovatives Design entsteht aber stets im Zusammenhang mit innovativer Technik und ist nie mals Selbstzweck. [...]

2 Gutes Design macht ein Produkt brauchbar: Man kauft ein Produkt, um es zu benutzen. Es soll bestimmte Funktionen erfüllen – Primärfunktionen ebenso wie ergänzende psychologische und ästhetische Funktionen. Gutes Design optimiert die Brauchbarkeit und lässt alles unberücksichtigt, was nicht diesem Ziel dient oder gar entgegensteht. [...]

3 Gutes Design ist ästhetisch: Die ästhetische Qualität eines Produkts ist integraler Aspekt seiner Brauchbarkeit. Denn Geräte, die man täglich benutzt, prägen das persönliche Umfeld und beeinflussen das Wohlbefinden. Schön sein kann aber nur, was gut gemacht ist. [...]
4 Gutes Design macht ein Produkt verständlich: Es verdeutlicht auf einleuchtende Weise die Struktur des Produkts. Mehr noch: Es kann das Produkt zum Sprechen bringen. Im besten Fall erklärt es sich dann selbst. [...]
5 Gutes Design ist unaufdringlich: Produkte, die einen Zweck erfüllen, haben Werkzeugcharakter. Sie sind weder dekorative Objekte noch Kunstwerke. Ihr Design sollte deshalb neutral sein, die Geräte zurücktreten lassen und dem Menschen Raum zur Selbstverwirklichung geben. [...]
6 Gutes Design ist ehrlich: Es lässt ein Produkt nicht innovativer, leistungsfähiger, wertvoller erscheinen, als es in Wirklichkeit ist. Es versucht nicht, den Verbraucher durch Versprechen zu manipulieren, die es dann nicht halten kann. [...]
7 Gutes Design ist langlebig: Es vermeidet modisch zu sein und wirkt deshalb nie antiquiert. Im deutlichen Gegensatz zu kurzlebigem Modedesign überdauert es auch in der heutigen Wegwerfgesellschaft lange Jahre. [...]
8 Gutes Design ist konsequent bis ins letzte Detail: Nichts darf der Willkür oder dem Zufall überlassen werden. Gründlichkeit und Genauigkeit der Gestaltung sind letztlich Ausdruck des Respekts dem Verbraucher gegenüber. [...]
9 Gutes Design ist umweltfreundlich: Das Design leistet einen wichtigen Beitrag zur Erhaltung der Umwelt. Es bezieht die Schonung der Ressourcen ebenso wie die Minimierung von physischer und visueller Verschmutzung in die Produktgestaltung ein. [...]
10 Gutes Design ist so wenig Design wie möglich: Weniger Design ist mehr, konzentriert es sich doch auf das Wesentliche, statt die Produkte mit Überflüssigem zu befrachten. Zurück zum Puren, zum Einfachen.“[108]

Da es sich um Thesen handelt und nicht um einen Kodex im engeren Sinn, haben die zehn Aussagen keinen bindenden Charakter. Sie dienen der Orientierung für eine Berufsklasse, die sich selbstkritisch unter die Lupe nehmen kann. Die Thesen beruhen nicht auf einer philosophischen Theorie, sondern den Erfahrungen einer gestalterischen Praxis. Dennoch zeigen sie, dass ein reflektierter Gestalter, der sich zeit seines Lebens intensiv mit den industriell gefertigten Dingwelten befasst hat, zu hochkomplexen Schlüssen gelangen kann. Zu jeder Zeit kritisch, d.h. aufmerksam und urteilskräftig zu sein, gehört wohl zum Berufsbild von Menschen, die ästhetische Qualität als Bedingung der Brauchbarkeit von Produkten erachten.

Rams hat mit seinen international wahrgenommenen Stellungnahmen bekundet, dass Design mit dem Nachdenken über die Qualität anfängt, die ein Produkt haben sollte, um legitim zu sein. Illegitim erscheint ihm hingegen ein acht- und bedenkenloses Gestalten. Er gelangte darüber zu der ganz grundsätzlichen Einschätzung, dass es künftig „eine Verringerung dieser Dingwelten" und in diesem Zusammenhang „eine erweiterte Ethik des Designs geben" müsse.[109]

Mit dieser Einschätzung ist er überaus anschlussfähig an heutige Diskurse des Social Designs und des Transformationsdesigns. Wenn jemand wie Rams das Credo „So wenig Design wie möglich" („as little design as possible") ausruft, dann ist das Entscheidende unter Umständen gerade nicht zu sehen. Die ästhetische Freiheit wie die ethische Verantwortung des Gestalters kommen vielmehr in einer Handlung des bewussten Unterlassens zum Ausdruck: Gerade weil sie oder er sich dazu entschließt, jegliches Chichi, überflüssiges Dekor oder umweltschädliches Material wegzulassen, ist die eigentliche Designleistung anwesend und zugleich – zumindest auf den ersten Blick – unsichtbar. Erst im Zuge genauerer Reflexion auf die Designleistung wird einer Betrachterin oder einem Gebraucher bewusst, wie lang der Weg gewesen sein muss, um zu einem derart – in Praxis wie in Theorie – überzeugenden Ergebnis zu gelangen. Zu diesem beschwerlichen Weg gehört ein ethisches Können, das aus einer Lebenshaltung bzw. einem Designethos herrührt. Gleichwohl kann prinzipiell nicht ausgeschlossen werden, dass ein derartiges Designethos auch dazu dient, einen Designautor zu einer glaubwürdigen Marke auszubauen.

Was Rams unter guter Gestaltung versteht, ist jedoch immer noch stark an der Vorstellung gut gestalteter *Dinge* orientiert. Diese Dinge gehören der Sphäre materieller Güter an. Eine immer größer werdende Zahl von Designerinnen und Designern ist aber zusehends auf dem Feld der immateriellen Arbeit tätig. Daher werden wir im nächsten Kapitel einen Ansatz behandeln und kennenlernen, in dem nicht nur die Designprodukte, sondern vor allem die sozialen Folgen der Gestaltung zum Gegenstand ethischer Urteile gemacht werden und demzufolge gutes Design vor allem die gute Gestaltung sozialer Beziehungen meint. Auch innerhalb dieser Beziehungen ergibt es Sinn zu überlegen, so wenig Design wie möglich anzubringen.

Lucius Burckhardt, Bazon Brock, Sozio-Design und die Ethik des minimalen Eingriffs

In diesem Kapitel werden wir uns anhand zweier Gestaltungstheoretiker mit der Grundidee des Sozio-Designs vertraut machen. Einer der ersten, der Anfang der 1970er-Jahre namhafte Beiträge zum Sozio-Design geleistet und diese Designdisziplin mit definiert hat, ist Bazon Brock [x]. Er hat im Kontext von Ausstellungsaktivitäten im Internationalen Design-Zentrum Berlin (IDZ) ein neuartiges Profil von Gestaltern mit konzipiert. Das Handlungsprofil von Designern sei, so Brock, um die Aufgabe der aktiven Veränderung sozialer Verhältnisse zu erweitern – ein Gedanke, der schon zu Zeiten des Bauhauses in ersten Ansätzen kultiviert wurde. Im Rahmen einer Ausstellung über „Mode als Form der Inszenierung des eigenen Lebens“ hat Brock spezifiziert, was unter Sozio-Design zu verstehen sei und wie man mithilfe dieses Gestaltungsansatzes Lebensweisen oder auch Lebensstile verändern könne:

x
Bazon Brock
***1936**
Deutscher „Künstler ohne Werk“, emeritierter Professor für Ästhetik und Kulturvermittlung, vormals Fluxus-Künstler, Begründer des action-teaching und der Besucherschulen auf den documenta-Ausstellungen; entwickelte den Begriff des Sozio-Designs.

> „[...] [W]enn die materiale Organisation der sozialen Umgebung auf das soziale Verhalten nachgewiesenermaßen einen Einfluss hat, dann lässt sich auch durch die Veränderung der materialen Bestandteile einer Lebensumgebung soziales Verhalten ändern. [...] Design wird zum Sozio-Design, wenn das Ziel der Gestaltung materialer Bestandteile einer Lebensumgebung in einer zielausgerichteten Veränderung sozialer Verhaltensweisen liegt.“ [110]

Man kann aber auch die Perspektive leicht verschieben und sich Transformationstechniken zur Gestaltung sozialer Beziehungen vornehmen, die nicht vorrangig der Gestaltung von materialen Artefakten gelten. In dieser sozio-designerischen Perspektive gehören die Dinge des Alltags zwar weiterhin zum Gestaltungsprozess, sie sind aber lediglich dazu bestimmt, die Beziehungen zwischen Subjekten und Objekten zu ermöglichen oder zu veranschaulichen. Dieser grundsätzliche Gedanke geht auf Lucius Burckhardt [x] zurück. Prominent und prägnant wurde dieser Gedanke in dem Band *Design ist unsichtbar* (1980) dargestellt. Burckhardt propagiert hierin die These, dass der neue Fokus der Gestaltung ganz auf der Gestaltung sozialer Beziehungen liegen müsse.

x
Lucius Burckhardt
1925–2003
Schweizer Soziologe, langjähriger Präsident des Deutschen Werkbunds und Begründer der Promenadologie: In diese sogenannte Spaziergangswissenschaft ist seine Kritik an technokratischen Konzepten der Stadtplanung produktiv eingeflossen.

Dieser starken Forderung lagen konkrete historische Erfahrungen aus der Nachkriegszeit zugrunde. In weiten Teilen Europas wurden nach dem Zweiten Weltkrieg zerstörte Städte wiederaufgebaut. Im Rahmen des Wiederaufbaus dieser Städte erhielt eine Planung der Infrastrukturen Einzug, die den Pkw als privilegiertes Transportmittel zum Maßstab nahm. Diese Entscheidung zog tiefgreifende Veränderungen sozialer Verhaltensweisen nach sich.

In diesem Kontext kommt Burckhardt auf die so genannten „wicked problems" x [111] zu sprechen, die bei jeder komplexeren Planung auftauchen können. Den Gedanken der bösartigen Probleme hat ursprünglich Horst W. J. Rittel x formuliert. Laut Rittel sei das eigentliche Problem zu verstehen, worin das Problem bestehe. Auch ethische Fragen können den Charakter bösartiger Probleme haben. Es gibt zahllose Fälle, bei denen es ungemein schwer ist herauszufinden, wie sich Kosten und Nutzen zu möglichen Schäden verhalten. Aber es geht nicht, immer nur abzuwarten und abzuwägen, man muss auch handeln. Oft genug wird einem bewusst, dass man das Problem überhaupt nicht verstanden hat – was ist zum Beispiel das Problem mit Mobilität und Verkehr?

x
„wicked problems"
Rittel und Melvin Webber entwickelten den Terminus als Gegensatz zu den „tame problems", die man mit technischen Mittel relativ leicht lösen könne, während bei der Behandlung bösartiger Probleme mit Verschlimmerung und unerwarteten Nebenwirkungen zu rechnen sei.

x
Horst W. J. Rittel
1930–1990
Ein an der HfG Ulm tätiger Mathematiker, Design-, Wissenschafts- und Planungstheoretiker.

Die Verkehrsplanung der Nachkriegszeit ist so ein Fall bösartiger Probleme, die nach wenigen Jahren unübersehbar wurden: innerstädtische Dauerstaus, wachsende Parkplatzprobleme und die Fragwürdigkeit einer Stadtplanung, die sich zu einseitig für die Belange des Pkws stark gemacht hatte. Bei der Überprüfung wurde aber auch klar, dass die begangenen Planungs- und Gestaltungsfehler erst einmal nicht mehr rückgängig zu machen seien; so manch eine Fehlentscheidung werde über Jahrzehnte hinweg bestehen bleiben, da man nicht jederzeit beliebig in die erst jüngst errichteten Infrastrukturen und durchaus kostenträchtigen Gefüge werde eingreifen können. Auf eine sehr lange Dauer hin getroffene Entscheidungen sind beispielsweise solche verkehrspolitischer Natur, wie für Stadtautobahnen. Sie zerschneiden und zerstören urbane Räume zugunsten einer nicht hinterfragten Mobilitätsideologie, die zu kritisieren eines der Lebensthemen des Sozio-Designers Burckhardt gewesen ist. Er gehört zu jener Generation, die durch die unerträglichen Bausünden der 1950er- und 1960er-Jahre auf den Plan gerufen wurde und die sich auch durch andere soziologische und sozialpsychologische Studien wie etwa *Die Unwirtlichkeit unserer Städte* (1965) von Alexander Mitscherlich und Jane Jacobs' Diagnose aus *Tod und Leben großer amerikanischer Städte* (1961) zur Kritik an der Bauherren-Selbstherrlichkeit berechtigt sah. Zu dieser Zeit beginnen selbstkritische Architekten zu erkennen, dass die rein technische Welt des Reißbretts mit der sozialen Lebenswelt nicht allzu viele Schnittmengen aufweist. Als geradezu philosophisches Grundproblem stellt sich heraus, dass die Welt der technisch realisierbaren Idee und die Komplexität der sozialen Realität nicht so leicht miteinander in Übereinstimmung gebracht werden können. Auch beschleicht die Öffentlichkeit aufgrund des Scheiterns großer Stadtbauprojekte vor allem in den neuen Vorstädten und Hochhaussiedlungen, in denen es zu unerwartet starker sozialer Deprivation gekommen ist, der Gedanke, das Goldene Kalb der Gestaltungsmoderne – der Funktionalismus – könne ausgedient haben.

Burckhardt legt den Finger in die Wunde eines funktionalistischen Grundsatzes, der da lautet, dass Designer dazu berufen und auch imstande seien, Probleme zu lösen. Nur wie? Lösen sie vorhandene Probleme nach dem Muster des Ingenieurs, so ist damit zu rechnen, dass sie gravierende technische Fehler machen, etwa nicht nur indem sie Straßenführungen so gestalten, dass es regelmäßig zu Unfällen kommen muss. Vielmehr geht es um Fehler, mit denen dauerhafte Schädigungen an der gesamten Sozialstruktur zusammenhängen.

Ein Beispiel, das Burckhardt anführt, ist eine Reihe von Städten und Dörfern in Sizilien, die schweren Schaden durch ein Erdbeben erlitten.[112] Im Zuge des Wiederaufbaus dieser Siedlungen wurden sie an ein Autobahnnetz angeschlossen. Dörfer wurden mit gigantischen Autobahnauf- und -abfahrten versehen und in Mustersiedlungen verwandelt. Burckhardt interpretiert diese Modernisierung als eine zweite Zerstörung, die im Grunde schwerer wiegt als die bereits durch das Erdbeben bewirkte. Denn während Naturkräfte blind zuschlagen und sicherlich nicht absichtsvoll wirksam werden, kann dies von Entscheidungen, die von Politikern und Planern gemeinsam verabredet werden, nicht behauptet werden. Ihre Entscheidungen sind ethisch rechtfertigungsbedürftig. Politiker im Verein mit Investoren aus der Wirtschaft erschließen Neuland und nehmen dabei billigend in Kauf, dass jahrhundertealte Strukturen und tradierte Kulturen des Zusammenlebens endgültig annulliert werden.

Der Kritik an verkehrspolitisch motivierten Modernisierungen, die zum Verlust von gewachsenen Kulturräumen und -landschaften führen, wird damals wie heute mit dem leichtfertigen Hinweis begegnet, dass es sich beim Bau einer Schnellstraße lediglich um die technische Lösung eines bestehenden Problems handle. De facto – und das ist Burckhardts Grundbotschaft – gibt es jedoch keine technische Lösung, die nicht soziale Nebenschäden oder auch kulturelle Folgeschäden mit produzierte, welche sich langfristig zumeist als viel wirkmächtiger erweisen können, als es der versprochene Nutzen des Straßenbaus je gewesen wäre. Der Mythos von der rein technischen Lösung suggeriert auf unheilvolle Weise, dass es keine anderweitigen Weisen des Umgangs mit vorhandenen Herausforderungen gibt. Die Rede von den technischen Lösungen verschleiert die moralischen und ethischen Entscheidungen, die in derartigen Lösungen auch immer enthalten sind.

Heute ist man umsichtiger geworden. So ist es städtebaulich inzwischen üblich, im Rahmen von Beteiligungsverfahren zumindest den Anschein zu erwecken, die Anwohner oder Bewohner von Quartieren in die Ausgestaltung ihrer zukünftigen Lebenswelt miteinbeziehen zu wollen. Selbst dies ist nur die halbe Miete, solange nicht die Einsicht mit kommuniziert wird, dass Probleme, die menschliche Beziehungs- und Lebensverhältnisse betreffen, nie ein für alle Mal zu lösen sind. Denn bei jeder Entscheidung im Rahmen eines Möglichkeitsraums wird eine Option gewählt, die bereits im nächsten Entwicklungsschritt mit vielfältigen Folgeproblemen und Risiken behaftet ist, aus denen weitere, meist belastende Handlungsfolgen resultieren. Zynischerweise können diese Folgeprobleme dann wieder in profitable Geschäfts- und Lösungsangebote übersetzt werden. Der Kapitalismus produziert in beschleunigtem Tempo ganze Kaskaden scheinbar notwendiger Eingriffe, die gut ins Passepartout der ökonomischen Wachstumsorientierung zu passen scheinen und im Verein mit den Gestaltungsinteressen politischer Vertreter verheerende Wirkungen auf das Gemeinwesen zeitigen können.

Burckhardt wählt dagegen einen ganz anderen Handlungsrahmen, mit dem er einen ethisch relevanten Korrekturvorschlag unterbreitet, der sich an der Idee des „kleinstmöglichen Eingriffs" orientiert: Die Logik des „intervento minimo" x ist schlagend und in ethischer Perspektive höchst wertvoll. Denn sie führt zur Anerkennung der Verstrickung in Lebensverhältnisse, die durch jeden Akt der Gestaltung nicht immer nur optimiert, sondern auch „verschlimmbessert" werden können. Mit diesem Tatbestand umzugehen ist wichtig für jede gestaltungswillige Person, die sich als gleichermaßen verantwortungsbewusst wie auch handlungstüchtig erweisen möchte.

x
„interventio minimo"
Im Gegensatz zum maximalinvasiven Eingriff ist der minimale Eingriff das geeignete Maß in verantwortungsethischer Hinsicht: Die Handlungsfolgen bleiben tendenziell kalkulierbar und driften nicht ins Unabsehbare ab.

Es ist das Verdienst Bazon Brocks, aus dieser Gedankenführung eine explizit gestaltungsadäquate Unterlassenslehre entwickelt zu haben, die einerseits verträglich ist mit einer modern-typischen „Ästhetik des Unterlassens"[113] nach dem Prinzip des „less is more" x. Andererseits legt diese Lehre des Unterlassens auch den Finger in die Wunde einer jeden Person, die sich selbst mit der Erwartung großmächtiger gestalterischer Weltentwürfe begegnet. Ehrlicher scheinen diejenigen zu sein, die sich vom Gedanken genialischer Größe rechtzeitig verabschieden und zum „Scheitern"[114] am eigenen Werkschaffen bekennen. Die Einsicht in die Fehlbarkeit der eigenen Entwürfe ist ein Teilmoment der Idee, dass man gut daran tut, den Gedanken der Lösbarkeit von Problemen nicht wortwörtlich zu nehmen, sondern anzuerkennen, dass es stets eine untilgbare Kluft zwischen dem Entwurf und seiner Realisierung gibt und es just diese Kluft ist, die es sowohl aus technisch-planerischer wie auch aus ethischer Sicht zu bedenken gilt.

x
„less is more"
Auf Qualität statt Quantität abhebendes Gestaltungsprinzip der minimalistischen Ästhetik, bei der alles überflüssig Erscheinende weggelassen wird.

In diese von Burckhardt und Brock entwickelte Tradition lässt sich auch die jüngst von Friedrich von Borries x propagierte „Schule der Folgenlosigkeit"[115] einordnen. Für alle drei Positionen – Burckhardt, Brock, von Borries – ist der Gedanke kennzeichnend, dass die gestaltungswütige Moderne durch ethische Regeln eingehegt werden sollte. Eine Lehre wäre, im Gegensatz zum Geist der Moderne, die immer und

x
Friedrich von Borries
***1974**
Deutscher Architekt, Designtheoretiker, Kurator, Schriftsteller und Hochschullehrer, der die „Kunst der Folgenlosigkeit" propagiert.

überall die Erhöhung von Impacts und von Generativität einfordert, den eigenen Wirkungsradius bewusst zu begrenzen. Dabei ist es wichtig anzuerkennen, dass die Gestaltung menschlicher Beziehungen im Fokus stehen sollte. Sicherlich sind zwischenmenschliche Verhältnisse nicht zu denken ohne die Artefakte, die Menschen tagtäglich gebrauchen. Doch ethisch belastbare Designerinnen und Designer nehmen besser die Dynamik und die prinzipielle Offenheit zwischenmenschlicher Verhältnisse in den Blick und fragen sich bei jeder Gestaltungsmaßnahme aufs Neue, inwiefern zum Beispiel durch eine sogenannte „Optimierungsmaßnahme" wirklich mehr Lebensqualität erzielt wird.

Oft besteht aus sozio-designerischer Sicht die Crux darin, dass eine betreffende gestalterische Herausforderung unverstanden bleibt und darum vorschnell und vorrangig als technisches Problem gefasst oder interpretiert wird. Hingegen wäre es wichtig zu erfahren, wie sich Beziehungen im öffentlichen Raum dynamisch und interaktiv gestalten lassen, sodass sie als Beitrag zu einem guten und gelingenden Leben gewertet werden können. Burckhardts Grundsatz hat Folgen für das Selbstbild von Sozio-Designern, weil sie eine demütigere Form des Gestaltens einfordert. Gestalterinnen und Gestalter mögen Sinnvolles zu einem guten und gelingenden Leben beitragen. Sie sollten aber nicht glauben, dass sie ein solches Leben in derselben Art und Weise herstellen können, wie man Artefakte produziert.

Letztlich ist es auch eine Frage der Vernunft, einzusehen, woran problemlösungsorientiertes Verhalten häufig scheitert. Allein die gute Absicht, nämlich ein Problem zu lösen, ist, wie wir bereits gesehen haben, nicht ausreichend. Denn auch die besten Intentionen, Entwürfe und Konzepte können mitunter nicht verhindern, dass es bei der Umsetzung zu gravierenden Schädigungen kommt. Die intendierte Hauptwirkung einer Maßnahme, die unter dem Titel Problemlösung geführt wird, kann durch unbeabsichtigte Nebenwirkungen überlagert und zunichte gemacht werden. Beim Eintritt von Sekundärschäden heißt es dann oft hinterher, dass es besser gewesen wäre, vernünftig zu planen. Doch stellt sich hierzu die Frage, woran man eine vernünftige Planung erkennen kann:

„Vernünftig denkt, wer in der Lage ist, die Konsequenzen seines Denkens und Handelns zu überblicken, und wer bereit ist, die Verantwortung für diese Konsequenzen auf sich zu nehmen. In diesem Sinn ist Wissenschaft, die auf eine Theorie ihrer eigenen Konsequenzen verzichtet und nicht bereit ist, die Verantwortung für ihre technischen und praktischen Auswirkungen zu übernehmen, widervernünftig." [116]

Pichts Kritik richtet sich ähnlich wie die von Burckhardt gegen ein bestimmtes Verständnis des Zusammenhangs von Wissenschaft, Technik und Gestaltung. Als moderner Gestalter ist man, ab einem gewissen Anspruchsniveau, auf allen drei Ebenen tätig. Das seit einem Jahrhundert bestehende Ideal einer aufeinander abgestimmten Entfaltung von „Kunst, Wissenschaft und Technologie" [117], wie sie in den 1920er-Jahren erstmals im Bauhaus konzipiert und in Folgeinstitutionen vertreten wurde, scheitert damals wie heute an einer arbeitsteilig organisierten Lebenswelt.

Innerhalb dieser Institutionen ist man von dem anspruchsvollen Ideal dahingehend abgerückt, dass man einseitig ein polytechnisches Konzept vertrat, das sich seit Jahrhunderten bewährt hat, um alltagsweltliche Probleme technischen Lösungen zuzuführen. Mehr oder minder additiv wird dann in der Regel auf die technische Lösung ein ästhetisches Moment aufgepropft; das nennt man dann Aufhübschung oder Styling [x]. Unterbelichtet bleibt in diesem Zusammenhang aber der problematische Zusammenhang von Vernunft und Verantwortung.

x
Styling
Meist pejorativ gebrauchter Begriff: Styling scheint in Zeiten ökonomischer Krisen erforderlich zu sein, um durch die ästhetische Aufwertung eines Produkts dessen Tauschwert zu erhöhen.

Burkhardt zufolge ist es die Hauptaufgabe von zeitgenössischen Bildungs- und Ausbildungsstätten, ein rein funktionalistisches Verständnis von Gestaltung und sein Pendant, die technische Lösung, infrage zu stellen. Diese Aufgabe stößt regelmäßig auf Widerstände, erscheint der funktionalistische Ansatz doch auf den ersten Blick wie eine sehr leistungsfähige Methode, über die Gestalter als Ingenieure des Sozialen verfügen. Burckhardt spricht im gleichen Atemzug von der funktionalistischen wie auch der polytechnischen Methode, die sowohl prägend gewesen sei für das Bauhaus in Weimar und Dessau wie auch für die Neuauflage des Bauhauses in Form der Hochschule für Gestaltung Ulm. All diese Lehrinstitutionen krankten aber aus ethischer Perspektive am gleichen Übel.

Anlässlich der Eröffnung der Hochschule für bildende Künste Saar 1989 brachte Burckhardt dieses Problem unter dem Vortragstitel „Die sauberen Lösungen verschmutzen die Umwelt“ auf den Punkt. Das Wesen „der polytechnischen Methode“ sei „die Trennung von Ziel und Mittel“, die sich aus der Trennung von Auftraggeber und ausführendem Gestalter ergibt, der wiederum nur über die Mittel zur Ausführung eines vorgegebenen Ziels verfügt. [118] Das Gute für den Gestalter ist in diesem Zusammenhang, dass der Auftraggeber (Politik, Wirtschaft etc.) die Ziele definiert, wohingegen Gestalter auf die delikate Funktion von Zuarbeitern reduziert werden – gut, weil die Gestalter in diesem Rollengefüge im Grunde nichts weiter zu verantworten hätten. Bliebe man bei dieser Rollenverteilung stehen, könnten sich Designer immer darauf zurückziehen, dass ein anderer die Verantwortung trägt; sie selbst machen sich nicht weiter die Hände schmutzig.

Zwischenfrage: Könnte es sich ein Architekt ernsthaft leisten, einen Entwurf ohne seine Umsetzung zu denken? In gewisser Weise kann er das, und er kann es umso mehr, je mehr er sich als Künstler betrachtet. Im Römischen Reich war man nicht davon überzeugt, dass dies die richtige Umgangsweise mit einer Gestaltungsaufgabe sei. Damals hat man den Architekten eines Aquädukts noch dadurch zur Verantwortung gezogen, dass man ihn unter dem selbst entworfenen Bau hat schlafen lassen. Man hat also dafür gesorgt, dass er die Konsequenzen seiner Entwurfsarbeit am eigenen Leib zu spüren bekam. Die Weltgeschichte lehrt uns, dass die größten Gefährdungen für Leib und Leben von Menschen ausgehen können, die die von ihnen gesetzten Regeln, Maximen und Lebensbedingungen nicht auf sich selbst beziehen müssen.

Trotz alledem gehen wir heute in der Regel nicht so weit, die Person auf eine derartige Weise zur Rechenschaft zu ziehen. In unserer heutigen Gesellschaft herrscht auch eine andere Rollenverteilung aufgrund der Arbeitsteiligkeit und der damit einhergehenden Verantwortungsdiffusion. Deshalb, so

Burckhardt, so es so wichtig, innerhalb einer ethisch profunden Designausbildung zu versuchen, der allgemeinen „Verantwortungsverflüssigung“ (Hans Lenk) entgegenzuwirken, indem angehende junge Sozio-Designerinnen oder -Designer dazu ermuntert werden, ihren künftigen Auftraggebern keine scheinbar richtigen Lösungen für falsch gestellte Probleme anzubieten. Darum wäre eine ethisch tragfähige Ausbildung daran zu erkennen, dass sie bewusst auf Distanz geht zum Denken in einfachen und „sauberen Lösungen“. Denn die angeblich „sauberen Lösungen verschmutzen die Umwelt“ (Lucius Burckhardt). Möchte man nicht voreilig von dem meist unverstandenen Problem zur Lösung eilen, verzichtet man besser auf eine rein polytechnische Lösung, die der Welt des *Zauberlehrlings* (Goethe) angehört. Im Rahmen einer zukunftsethisch belastbaren Ausbildung wird deutlich gemacht, dass wir es in der polytechnisch geprägten Welt von heute sowohl mit einer ungerechten „Risikoverteilung“ als auch einer hoch problematischen „Leidensverteilung“ zu tun haben, der sich die Gemeinschaft der Lehrenden und Lernenden in anspruchsvollen Aufgaben zu stellen haben: „Charakteristisch für die Aufgaben, große und kleine, wie sie auf uns zukommen, ist es, daß sie unlösbar sind.“ [119] – Unlösbare Probleme sind diejenigen, bei denen die „technische und ethische Verantwortung nicht mehr zu trennen“ sind.

Was kann man aus diesem Anspruch lernen für eine gestalterische Praxis? Dass Designer sich in einem Umfeld bewegen, wo man es immer häufiger mit bösartigen Problemen zu tun hat. Bösartige Probleme sind dadurch gekennzeichnet, dass man bei der Behandlung des Problems die Situation, die man eigentlich bewältigen möchte, unter Umständen verschärft.

Die meisten Menschen sind froh, wenn es jemanden gibt, der ihnen ein Problem vorstrukturiert. Im Fall von Designern leisten dies sogenannte Kunden. Auftraggeber sind als solche definiert, Ziele vorzugeben, die dann abgearbeitet werden müssen. Dann obliegt es Gestaltern, für die Erreichung des Ziels die geeigneten gestalterischen Mittel auszusuchen, wobei die richtige Wahl der Mittel zu treffen allein schon ein ethisch herausfordernder Job sein kann. Wenn es um eine geeignete Werbemaßnahme für ein Unternehmen geht, wird sich schon eine strategische Lösung finden. Für die Lebens- und Arbeitsbereiche, die nicht unmittelbar sichtbar sein müssen und die sich auch nicht als klar abgrenzbares soziales Feld isolieren lassen, hat sich die Idee und Praxis des Social Design [x] etabliert. Für dieses Aufgabengebiet ist es charakteristisch, dass die Problemlösung nicht in „der Erfüllung eines Anforderungsprofils, welches vorab definiert wurde“ [120], aufgeht. Darum haben Social Designer womöglich eine andere ethische Haltung als Werber. Für die Leute im Marketing sind die strategischen Ziele und Zwecke meistens gesetzt. Sie verfügen deshalb auch nicht immer über ethische agency, also autonome Handlungsmacht.

x
Social Design
Sammelbezeichnung für eine Vielzahl von Praktiken zur Gestaltung von Beziehungen zwischen Personen und deren städtischen oder ländlichen Lebensbedingungen unter dem Eindruck beschleunigter gesellschaftlicher Transformation.

Social Designer haben die Schwierigkeit, sich auf einem terrain vague zu bewegen. Sie können es mit Netzwerken von Menschen, Politikern, Stadtteilbewohnern und Ladenbesitzern zu tun haben. Aktive Social Designer stehen vor dem Problem, dass ihnen keine Partei oder Gruppe letztgültig vorformuliert, was ihre Handlungszwecke sind. Das macht ihre Tätigkeit sehr anspruchsvoll. Wenn die Rahmenbedingungen günstig sind, verfügen sie über einen gewissen Spielraum, der unter anderem darin besteht, dass sie über die Ziele und Zwecke ihres Handelns gemeinsam mit anderen selbst bestimmen dürfen.

Erst dadurch werden sie im Übrigen im Vollsinne zu einem moralisch urteilenden und handelnden Akteur: Ein sowohl verantwortungsbewusstes wie auch vernunftbegabtes Individuum wird sich stets fragen müssen, inwiefern er oder sie sich zum Bestandteil von arbeitsteiligen Prozessen stempeln lassen möchte. Obschon die „Logik des Designs prinzipiell eine Logik der Mittel und nicht der Zwecke ist“ [121], gilt es, sich zu fragen, ob man selbst zum Mittel und Medium von nicht immer durchsichtigen Absichten werden möchte. Keinesfalls sollten wir uns mit Rechtfertigungen abspeisen lassen, die darin bestehen, dass die Zwecke angeblich die Mittel rechtfertigen. Das tun sie nie. Weder rechtfertigen die Ziele die Mittel noch werden die Zwecke dadurch geheiligt, dass „die Anwendung der Mittel selbst neue Probleme kreiert.“ [122] Und dies ist heutzutage fast durchgängig der Fall.

Sobald etwas gut funktioniert, halten wir daran fest. Doch vielleicht hält uns auch etwas fest und gefangen, was uns in unserer Autonomie stärker beschneidet, als uns lieb sein kann: Unsere Modeartikel, Autos und Smartphones, also jene am innigsten geliebten Gegenstände – beherrschen wir sie oder sie vielleicht uns?

Vom Müll zur Mode und wieder zurück

Derselbe Lucius Burckhardt, dem wir zuletzt unter dem Motto „Die sauberen Lösungen verschmutzen die Umwelt" begegneten, hat 1980 in Darmstadt einen „Schmutzkongress"[123] einberufen, auf dem der Anthropologe und Kulturtheoretiker Michael Thompson erstmals seine Mülltheorie x in der BRD vorstellte. Bei der Mülltheorie handelt es sich um eine umfassende sozialanthropologische Studie, in der es um die Entstehung und Vernichtung von Werten geht. Die Studie macht deutlich, dass Kulturen bestimmte Prozessdynamiken aufweisen: Die Dinge des Alltags durchlaufen zumeist eine erste Phase, in der sie vergängliche Güter sind. Dann verschwinden sie – je nach Mode – von der Bildfläche. Manche Produkte tauchen irgendwann wieder auf und stellen sich dann als erstaunlich wertbeständig heraus. Diese Objekte können dann, in einer dritten Phase, mit einem Schlag als überaus wertvolle Antiquitäten gelten. In der Zwischenzeit (in Phase 2) sind diese Dinge nahezu wertlos gewesen – sie galten als Müll. Thompsons Beschreibung legt einen wichtigen Gedanken frei: Was ist, wenn die Dinge oder Stoffe, die wir als Müll bezeichnen, von Wert, ja vielleicht sogar von großem Wert sind?

x
Mülltheorie
Thompson hat mit der *Rubbish Theory* (1979) den Diskurs über eine Mülltheorie der Kultur etabliert, die aufzeigt, wie mit jeder Entstehung von Werten andere Werte zerstört werden.

Für eine Ethik des Designs, insbesondere des Produkt- und Prozessdesigns, sind derartige Überlegungen lehrreich. Sie bieten neue Möglichkeiten, die Zirkulation von Wirtschaftsgütern zu überdenken. So lenken sie unseren Blick auf Optionen, die unter dem Namen „Recycling" x geläufig sind. Doch Thompsons Theorie geht noch einen wichtigen Schritt weiter: Sie will zeigen, dass die Recycling-Kreisläufe noch viel enger gefasst und dichter gepackt werden könnten als bisher.

x
Recycling
Prinzip der Wiederverwertung von Müll und Abfall, die als Elemente einer Kreislaufwirtschaft optimal genutzt werden sollen.

Was wir als Müll bezeichnen, muss unter Umständen nicht erst aus der Stadt in eine andere Region oder gar in ein anderes Land verfrachtet werden, um dort zum Teil verwertet (was meist „verbrannt" bedeutet) zu werden. Ein besonders erschreckendes Beispiel sind die Modeartikel, die aus Retouren stammen und verbrannt werden, weil es einfacher und günstiger ist, als sie auf Mängel zu prüfen und erneut zum Verkauf anzubieten. Angesichts der wachsenden Müllberge häufen sich kritische Stimmen, die mit der

Textilwirtschaft hart ins Gericht gehen. Diese Kritik hat Tradition: Schon Marx sieht in den Gewebsspinnereien und Tuchfabriken eine Geburtsstätte des Kapitalismus und seiner entfremdenden [x] Tendenzen.

Heute sieht sich die Modeindustrie zunehmend mit beträchtlichen Imageschäden konfrontiert, an denen sie sicher nicht unschuldig ist. Es ist bekannt, dass in zahlreichen ostasiatischen Ländern unter ausbeuterischen sowie frauen- und kinderfeindlichen Produktionsbedingungen gefertigt wird. Noch ist es aber nicht so weit, dass die europäischen Konsumentinnen und Konsumenten diesen Tatbestand auch aktiv in der Form moralisch ächten würden, dass sie den Kauf von Billigklamotten unterließen. Auch wird die reguläre Modewirtschaft bisher nicht durch ein sogenanntes Lieferkettengesetz [x] gebändigt. Die deutsche Wirtschaft spricht sich gegen eine gesetzliche Bindung aus, wodurch es wie bisher darauf hinausläuft, dass die große Mehrzahl der Konsumentinnen und Konsumenten ihre Kaufentscheidungen für das Niedrigpreissegment treffen wird, in dem es zu besonders eklatanten Missbrauchsfällen bei der Produktion kommt.

Aber selbst wenn immer mehr Personen über menschen- und umweltfeindliche Arbeit unterrichtet sind, ist es keineswegs ausgemacht, dass sie deshalb stärkere Fähigkeit zur moralischen Selbstverpflichtung eingehen. In fast allen Bereichen der Zukunftsethik [x] besteht das Problem darin, dass zwar Wissen vorliegt, dies allerdings nicht auf die Handlungsmotivation der Menschen durchschlägt, sodass sich am Verhalten der Akteure wenig ändert. Man nennt dies auch den „mind-behavior-gap“ [124] und bezeichnet damit den Zwiespalt zwischen dem Wissen, das man hat oder aufgrund verfügbarer Informationen haben müsste, und dem tatsächlichen Verhalten, das aber nicht so recht zum Wissensstand passen möchte. Birnbacher bezeichnet dies auch als Motivationsproblem der Moral. [125] Alltagsweltlich zeichnen wir uns mehrheitlich durch eine unzureichende Verhaltensanpassung aus. Am liebsten ist den Menschen, wenn alles so bleibt, wie es ist. Die menschliche Psyche sehnt sich selten nach Veränderung und bevorzugt Stabilität. Doch diese bequeme Einstellung darf in ethischer Perspektive nicht das letzte Wort behalten.

x
Entfremdung
Entfremdet ist man nach Karl Marx aufgrund eines Erwerbslebens unter den Bedingungen kapitalistischer Arbeitsteilung, in der uns die eigene Arbeit „zu einer fremden, gegenüberstehenden Macht wird“ (*MEW* 3, S. 33).

x
Lieferkettengesetz
Schafft den rechtlichen Rahmen für die Vereinbarkeit von Menschenrechten und Umweltschutz und soll Unternehmen dazu zwingen, in Billiglohnländern dieselben Umweltstandards und Arbeitsschutzauflagen einzuhalten wie innerhalb der EU.

x
Zukunftsethik
Durch den Philosophen Hans Jonas begründet, der in *Das Prinzip Verantwortung* (1979) darlegte, warum die jetzige Generation Verantwortung für das Gedeihen künftiger Generationen trägt.

Damit sich doch etwas in die richtige Richtung ändert, plädiert die Modemacherin und Kritikerin der Modewirtschaft Orsola de Castro in ihrem Band *Loved Clothes Last* (2021) für eine grundsätzliche Transformation, die nicht nur das Konsumverhalten betrifft. Orsola de Castro beleuchtet kulturelle Praktiken im Umgang mit Bekleidung und dokumentiert die Praxis des immer rascheren Wegwerfens von Bekleidung. Dem setzt sie die Forderung entgegen, Kleidung so lange wie möglich zu nutzen und zu tragen. Das Behalten wird zum ethischen Wert, der dem Urteil, etwas sei wertlos, entgegengestellt wird. Im Fall von beschädigter oder zerschlissener Kleidung solle man, wie einst, zum Flickzeug greifen. Reparieren [x] soll als eine kulturelle und kreative Leistung wieder gewürdigt und nicht als Ausdruck von Ärmlichkeit missachtet werden. Die versehrten Stellen eines Kleidungsstücks könnten, so Castro, mit etwas handwerklichem Geschick und Herzblut zum Insignium der eigenen Kreativität werden. In diesem kulturellen Trainingsprogramm kehrt ein Thema wieder, das schon die Arts-&-Crafts-Bewegung beschäftigte: die Frage nach der guten Lebensform unter Produktionsverhältnissen der entfremdeten Arbeit. Zu Thompsons Mülltheorie besteht insofern eine Affinität, weil es um den Transfer eines aktuell höchst vergänglichen Guts – ja den Inbegriff des vergänglichen Guts Mode – in etwas Dauerhafteres geht.

x
Reparieren
Das Wiederinstandsetzen eines Defekts, die Ausbesserungsarbeit eines Schadens oder die Wartung eines technischen Geräts; dient der Erhaltung von Werten und hemmt den Impuls innerhalb der Wegwerfgesellschaft, Kaputtes sofort zu entsorgen.

Wir sollten überlegen, ob es nicht Sinn ergeben würde, neue Tugenden zu etablieren: Achtsamkeit im Umgang mit Materialien und auch Materialkenntnis werden künftig immer wichtiger – Fähigkeiten, die durch das Eingehen neuer sozialer Formen der Verbindlichkeit entstehen können. So sollten wir uns einerseits nicht davor scheuen, unsere Kleidung entweder selbst zu flicken oder sie den Profis zu übergeben, die in diesen Breitengraden allmählich aussterben: den Schneidern.

Andererseits wäre es spannend, neue soziale Formen auszuprägen, in denen wir einen gelebten Diskurs über das Thema führen, wie wir die Warenzirkulation in engere Kreise überführen können. Orsola de Castros sinnfälliger Vorschlag zielt auf die Etablierung von nicht-kommerziellen Kleiderkreiseln: Man trifft sich zu „swap parties“ [x] [126]

x
„swap party“
Geselligkeitsform, bei der das Recyceln, Reduzieren, Wiederverwenden und Kompostieren von Alltagsgütern eingeübt wird.

und tauscht im Zuge dieser Geselligkeitspraxis nicht nur Kleidungsstücke aus, sondern setzt sich auch wechselseitig über die Renaissance älterer Kulturtechniken ins Bild. Insgesamt geht es um den Vorgang einer ethisch motivierten Neubewertung: Das Alte emotional neu zu besetzen und als liebenswürdig anzuerkennen, ist eine Aufgabe und ein ethisches Plädoyer für radikales Behalten. Aber wie kultiviert man den Sinn für das Alte?

Einen vielversprechenden Ansatz bietet die narrative Ethik. In der narrativen Ethik ist es üblich, durch das Erzählen von Leidenserfahrungen einen Beitrag zur Erziehung des Menschengeschlechts zu leisten. Es ergibt in diesem Kontext Sinn, sich an Adornos Wort zu erinnern, demnach es ein dem Menschen innewohnendes „Bedürfnis" gebe, „Leiden beredt werden zu lassen", und dass dieses Bedürfnis sogar „Bedingung aller Wahrheit" sei.[127] In der Tat lasten auf allen Menschen mehr oder minder stark objektive gesellschaftliche Verhältnisse, die bei den Subjekten einen Leidensdruck erzeugen. Doch eigener wie fremder Leidensdruck kann auch als „Grund und Movens des Verstehens"[128] angesehen werden.

Im Sinn einer narrativen Ethik wäre Leidensnarrativen der gebührende Raum zu geben, sodass die Weiterentwicklung von solidarischem Verhalten möglich wird. Die durch literarische Beispiele vermittelte Ausdehnung des Mitgefühls führe, so die Hoffnung, zu der Einsicht, dass man so handeln müsse, „als ob es der Menschheit vorgezeichnet sei, eine umfassende Solidarität zu entwickeln."[129] Die Mobilisierung unserer Imaginationsvermögen dient dem Ziel, „fremde Menschen als Leidensgenossen zu sehen".[130] Damit dieser ersehnte kulturrevolutionäre Raum des Mitgefühls entstehen kann, müssten Menschen lernen, ihre Sprach- und Ausdrucksräume spielerisch zu erweitern. Die Ausweitung der Zonen des Mitgefühls ist ungemein wichtig, da es ein motivationales Hindernis zu überwinden gilt, das gerade in umwelt- und klimaethischen Kontexten auftritt: Der Mangel an „physischer" wie auch „sozialer Nähe" zu den betroffenen Menschen, die unter den falschen Entwicklungstendenzen unserer globalen Ökonomie leiden müssen.[131]

x
Externalisierte Kosten
Im Englischen bezeichnet man mit dem Begriff „externalities" meist jene unsichtbaren Kosten, die bei der Produktion von Waren in Form von Umweltzerstörung und Gesundheitsschäden entstehen und die den Menschen andernorts aufgebürdet werden.

Zur Verhaltensmotivation gehört aber neben einem gesteigerten Interesse für jene Menschen, denen die externalisierten Kosten x der Modeproduktion besonders zu schaffen machen, auch ein neues Verhältnis gegenüber den Produkten selbst. Im Sinn einer narrativen Vertiefung wäre es einen Versuch wert, die gestalteten Alltagsdinge stärker zum Sprechen zu bringen. Bekleidungsgegenstände vermögen uns etwas über unsere eigenen biografischen Erfahrungen zu erzählen. Welche Rollen wir bisher gespielt und wie wir uns auf der sozialen Bühne des Lebens inszeniert haben, wie wir von Kopf bis Fuß in sozialen Konventionen stecken, die unser Dasein mal erträglich, mal zur Hölle machen, wenn wir das Falsche tragen: All dies kann den Hüllen, Larven und Masken, die wir über unseren Leib werfen, entnommen werden.

Im Übrigen ist dies auch eine der historischen Quellen des Sozio-Designs. Das Konzept des Sozio-Designs wurde, wie im Kapitel „Lucius Burckhardt, Bazon Brock, Sozio-Design und die Ethik des minimalen Eingriffs" bereits erwähnt, in der Ausstellung „mode – das inszenierte Leben. Kleidung und Wohnung als Lernenvironment" 1972 im Internationalen Designzentrum Berlin entfaltet. Nach der „sozialen Funktion des Gegenstandes" zu fragen, bedeute zugleich danach zu fragen, wie „modische Artikel unser Verhalten zu uns selbst und anderen Menschen" bestimmen, so François Burckhardt x.[132] Im sozio-designerischen Sinn sind Modeartikel vergegenständlichte Bedürfnisse. Wir könnten also unsere Altkleidung daraufhin untersuchen, ob sie uns die Befriedigung unserer Bedürfnisse gewährt hat – oder ob uns dies versagt blieb. Diese Untersuchung kann zu der Einsicht führen, dass mich die Modeartikel nicht glücklich machen oder gemacht haben und ich sie deshalb auch nicht aufbewahre. Allerdings scheint es wenig sinnvoll, unseren Umgang mit Kleidung von solchen fragilen und schwankenden Gefühlszuständen abhängig zu machen.

x
François Burckhardt
***1936**
Schweizer Architekt, Ausstellungsmacher, Designtheoretiker und Direktor des *domus* Magazins.

Da Mode elementarer Bestandteil unserer Lebensorganisation ist, sind ihre Artikel schnell gestopft voll mit Erinnerungen. Dies mag eine Ursache sein, warum so viele Leute sie möglichst rasch aus ihrem Gesichtskreis verbannen. Der Reinlichkeitssinn und die Schnelllebigkeit unserer Epoche machen im Bereich der Mode gemeinsame

Sache. Dass wir aber die Mode auch mit der Idee der Langlebigkeit aufladen können, ist ein sozial- wie umweltethisch wertvoller Gedanke, der den Autor dieses Buches unter Pandemiebedingungen dazu verleitet, sich eine Situation vorzustellen, in der man sich wie bei Giovanni Boccaccio ˣ im *Decamerone* ˣ wechselseitig von den Schicksalsschlägen berichtet, die uns und unseren Körperhüllen – im Guten wie im Schlechten – widerfahren sind. Alle kreativ veranlagten Menschen müssten ihren Zeitgenossen auf die Sprünge helfen und sie animieren, die Dinge als Ideenträger anzusprechen. Eine spannende Übungspraxis könnte entstehen, für die es Geist, Fantasie, Erinnerungs- und Artikulationsvermögen benötigt – Fähigkeiten, die uns Menschen generell auszeichnen und die für eine transformationsdesignerische Praxis wichtig sind, die sich mit der „Lesbarkeit der Geschichte und Herkunft von Produkten“[133] befasst.

Transformation ist abhängig von der menschlichen Kapazität, Erinnerungsinhalte wieder zu mobilisieren. Aber will dies der Einzelne wirklich? Wollen wir nicht lieber immer wieder aufs Neue mit dem Frischen und Reinen in Berührung kommen? Gerade aus feministischer Sicht sollte uns der kulturelle Grundcode „rein – unrein“ stutzig machen. Im Rahmen patriarchaler Herrschaftsverhältnisse ist es üblich, das Schmutzige stets als das Minderwertige oder gar als das zu Missachtende anzusehen, was so weit geht, dass insbesondere Mädchen und Frauen als von Natur aus beeinträchtigte Personen betrachtet werden, die in besonderem Maße auf ihre Hygiene zu achten haben.

Wie die schwedische Feministin Liv Strömquist in ihrem Comicbuch *Der Ursprung der Welt* darlegt, wird Frauen durch Werbemaßnahmen ein Selbstbild untergeschoben, das sie durchschnittlich 13 Mal im Jahr zu schmutzigen und unreinen Personen erklärt.[134] Durch die Darstellungen in der Werbung für Binden und Tampons werden Frauen mit Bildern der Frische und Reinheit konfrontiert. Sie sollen gerade bei jungen Frauen das Bild hervorrufen, sie seien in der Phase ihrer Menstruation unreine Menschen. Sie werden mit der sozialen Norm jugendlicher Attraktivität und prinzessinnengleicher Reinheit konfrontiert. Im Sinn der *Psychologie der Moralentwicklung* nach

x
Giovanni Boccaccio
1313–1375
Italienischer Renaissance-Schriftsteller, Dichter und Humanist, der mit seinem Hauptwerk *Il Decamerone* (1348–1353) die europäische Erzähltradition maßgeblich prägte.

x
Decamerone
Novellensammlung, in der Menschen zur Sprache kommen, die vor der Pest geflohen sind und sich an zehn Tagen sowohl sehr sittsame wie auch verstörend-pikante Geschichten über das Leben der unterschiedlichsten Stände erzählen.

x
Lawrence Kohlberg
1927–1987
US-amerikanischer Psychologe und Erziehungswissenschaftler, entwickelte ein sechsgliedriges Stufenmodell der moralischen Entwicklung.

Lawrence Kohlberg [x] handelt es sich um eine Moral der Stufe 3, die einer Orientierung am Ideal des „guten Mädchens" entspricht, das sich ganz konventionell gebärdet, es aber noch nicht zu einer eigenständigen ethischen Urteilsbildung gebracht hat. Im Falle des Nichtbefolgens dieser Konvention, die für die große Mehrheit gelten soll, ist mit einem schlechten Gewissen zu rechnen.

Durch die positiv besetzte Orientierung am Neuen und Reinen und die damit einhergehende soziokulturelle Abwertung des Gebrauchten und Unreinen wird nicht nur die seelische und moralische Entwicklung der Individuen gefährdet. Sie scheint auch unvereinbar damit, dass unsere natürlichen Lebensgrundlagen knappe Güter sind. Auf diesen Umstand werden wir im Folgekapitel, in dem es um das Konzept der Nachhaltigkeit gehen wird, noch einmal vertieft zu sprechen kommen.

Strömquist ist der Ansicht, dass Frauen einer Norm unterworfen werden, die enormen psychischen Stress auslöst. Geben sie nicht acht auf die Konventionen des cleanen Erscheinungs- und Geruchsbildes, drohen soziale Sanktionen. Jede Gesellschaft, so die Sozialanthropologin Mary Douglas, entwickelt ein Konzept von Reinheit und Reinlichkeit, das die sozialen, ökologischen wie die ökonomischen Kosten zur Erfüllung des Reinheitsideals hochtreibt.[135] Die an Mädchen und Frauen gerichtete Vorstellung („imago"), erst dann attraktiv und wahrhaft menschlich zu sein, wenn den Reinlichkeitskriterien vollumfänglich entsprochen werde und stets ein frischer Duft von ihnen ausgehe, ist antiemanzipatorisch.

Die Verheißung der Frische ist ein sprechendes Zeugnis für einen ganzen Industriezweig, dessen Vertreter nicht müde werden, mit dem Atavismus der unsichtbaren Bedrohung durch Bakterien und anderen Schädlichkeiten ein suggestionsreiches Spiel sowohl auf Kosten des individuellen Wohlbefindens wie auch der kollektiven Umwelt zu spielen. Dieses Spiel weist große strukturelle Ähnlichkeit mit dem von der Modeindustrie genährten Verlangen auf, stets neu ausgestattet und wie aus dem Ei gepellt zu erscheinen.

Im Zeitalter der Reinigungsmittel ist man maximal intolerant gegenüber dem Kaputten ˣ und Unreinen geworden. Angesichts des Niedergangs der Industriekultur, die noch als Reservat altmodischer Männlichkeitsbilder gelten konnte, können es sich weder Männer noch Diverse erlauben, als Außenseiter einer auf Hygiene geeichten Konsumkultur zu gelten. Die Kosten und die Menge an Abfallprodukten einer solchen Kultur sind hoch.

x
Ideal des Kaputten
Der Nationalökonom Alfred Sohn-Rethel (1899–1990) plädierte für ein „Ideal des Kaputten", in dem das Defekte als das Reizvolle gilt.

In Anbetracht einer immer stärkeren Umweltbelastung sind die Bilder der allzeit sauberen, adrett-gepflegten Büro- oder Agenturangehörigen nicht mehr in jeder Hinsicht überzeugend. Zumindest stehen sie in einem gewissen Widerspruch zu den neuen Tugenden und Bescheidenheiten im Umgang mit den immer begrenzteren Ressourcen wie Wasser und Zeit, die wir behandeln, als ob sie im Überfluss vorliegen würden. Obwohl wir wissen, dass dies nicht stimmt. Allein das sozial mächtige Stigma der Ärmlichkeit führt dazu, dass Menschen keinen gesteigerten Wert auf Maintenance Art ˣ, d.h. auf den Erhalt und die Pflege von Menschen wie Dingen (Care-Arbeit) legen. In der Missachtung von Care-Arbeiterinnen setzt sich dieses Drama fort. Eine Ethik, in der pflegliches und zugleich Ressourcen schonendes Verhalten den sozialen Akteurinnen und Akteuren ein gutes Gefühl bereiten würde, bedarf lebendiger Subjekte, die zueinander und zu den Dingen lebendige Beziehungen unterhalten.

x
Maintenance Art
Die US-amerikanische Künstlerin Mierle Laderman Ukeles hat im Rahmen der „Maintenance Art" Performances durchgeführt, die nahe legen, dass Pflege und Erhaltung elementare menschliche Funktionen sind.

Nachhaltigkeit und das gute Leben

In diesem Kapitel soll es um den Begriff der Nachhaltigkeit und seine Bedeutung im Kontext zeitgenössischer Nachhaltigkeits-, Umwelt- und Naturethikdebatten gehen. Wie wir sehen werden, betrifft das Thema Nachhaltigkeit nicht nur eine bestimmte Weise der Nutzung und des Umgangs mit materiellen Ressourcen, sondern auch deren globale Verteilung in den unterschiedlichen Gesellschaften. Darüber hinaus wird das Thema Nachhaltigkeit heutzutage auf der Ebene der internationalen Politik zum Anlass genommen, Fragen der Geschlechtergleichheit und der Bedingungen guten Lebens für alle Menschen, gleich welcher Herkunft (Ethnizität) und welchen Geschlechts, zu behandeln.

Ursprünglich ist Nachhaltigkeit ein forstwirtschaftliches Prinzip, das vor über 300 Jahren von Johann Carl von Carlowitz x ersonnen wurde. Er bezeichnete damit die ökonomisch genau regulierte Entnahme einer bestimmten Menge von Bäumen pro Zeiteinheit, die sich wiederum aus dem natürlichen Wachstum des Rohstoffs im Forst ergab. Unsere heutige industrialisierte Welt hat so gut wie nichts mit dieser ursprünglichen Idee von Nachhaltigkeit zu schaffen. Die technologische Zivilisation entspricht eher dem Gegenteil. Sie verwandelt nicht nur die Ozeane in eine Kunststoffmüllkippe. Sie produziert auch unablässig überschüssige Güter, für die bisher kein sinnvolles Recycling möglich ist. Unternehmen entwerfen weiterhin Artikel nach dem Prinzip der „geplanten Obsoleszenz“ x [136].

x
Carl von Carlowitz
1645–1714
Sächsischer Oberberghauptmann und Autor des Buches *Sylvicultura oeconomica oder Haußwirthliche Nachricht und Naturmäßige Anweisung zur Wilden Baum-Zucht* (1713), der als Erster den Gedanken einer nachhaltigkeitsorientieren Aufforstung festhielt.

x
Geplante Obsoleszenz
Die geplante Minderung der Haltbarkeit bzw. der Nutzungsdauer von industriell hergestellten Waren zum Zweck der Umsatzsteigerung.

Aus konsequentialistischer Sicht ist eine derartige Produktmanipulation nicht nur problematisch, weil die damit einhergehenden sozialen wie biosphärischen Schäden zwar faktisch bekannt sind, was aber die entsprechenden Akteure nicht daran hindert, an einer Praxis festzuhalten, die unsere gemeinsamen Lebensgrundlagen und vor allem unsere Commons x untergräbt.

x
Commons
Umfassendere Bezeichnung für Gemeingüter wie Land, Wasser, Nahrung und Atemluft, die gemeinsam genutzter Besitz der Menschheit sein sollten. Dieser Ansatz ist kompatibel mit der Idee der Sozialpflichtigkeit des Eigentums.

Was noch schwerer wiegt, ist der Umstand, dass „die *für den konkreten Akteur voraussehbaren* Handlungsfolgen“ [137] billigend in Kauf genommen werden. Bei einer entsprechend moralischen Beurteilung würde man „die Richtigkeit und Falschheit einer Handlung“ nicht daran messen müssen, „was der Akteur faktisch voraussieht, sondern was er nach Maßgabe der individuellen und situativen Möglichkeiten voraussehen kann“.[138]

Gewiss kann man als einzelne Person nicht immer alle Folgen des eigenen Handelns vollständig übersehen. Dies enthebt uns aber nicht der Aufgabe, uns zu fragen, welche Pflichten wir beispielsweise gegenüber Menschen haben, die nach uns leben werden und die mit den Folgen unseres Handelns werden zurechtkommen müssen. Schließlich liegt uns eine Vielzahl gesicherter Erkenntnisse über von Menschen gemachte Schädigungen vor, durch die die Handlungshorizonte künftiger Generationen stark begrenzt werden. Am drastischsten zeigt dies das Beispiel des radioaktiv strahlenden Mülls, der die Geschicke der Menschheit noch die nächsten Zehntausende von Jahren mitbestimmen wird. So ist es eine überaus wichtige Aufgabe für Designerinnen und Designer, die unsichtbare nukleare Strahlung über Generationen hinweg als die allerrealste Bedrohung sichtbar zu machen und zu kommunizieren.[139] Wenn die Menschheit dies verdrängt oder bewusst verleugnet, wird sie ihr vorzeitiges Ende erleben. Aber schon jetzt ist die Zukunftsfähigkeit unserer Gattung bedroht.

Im Folgenden wollen wir überlegen, was wir aus nachhaltigkeits-, natur- und umweltethischer Sicht als Gestalterinnen und Gestalter tun können, um dem Anspruch gerecht zu werden, das Leben kommender Generation zumindest nicht weiter absichtsvoll zu schädigen. Dazu müssen wir uns die systemischen Widersprüche vor Augen führen, innerhalb derer der zeitgenössische Designer wirkt und seinen gesellschaftlichen Platz einnimmt:

> „Einerseits entwirft er ständig neue Produkte, die durch ihr Design den Kaufanreiz erhöhen sollen und dafür sorgen, dass mit jedem Modellwechsel eines Produkts der Berg unseres Wohlstandsmülls weiter wächst. Andererseits hat es sich im Laufe der Designgeschichte gezeigt, dass eine Verweigerungshaltung an dieser Problematik wenig ändert.“[140]

Schließt man sich dieser Auffassung an, hätte es den Anschein, als ob Designer getreue Komplizen eines globalen Wirtschaftssystems seien, aus dem es kein Entrinnen gibt. Wenn aber tatsächlich jeder Widerstand zwecklos wäre, wären die Individuen auch nicht ernsthaft als Subjekte der Geschichte zu betrachten. Dann verfügten sie auch nicht über eine eigene agency, will heißen, über eigene Handlungs- und Gestaltungsmacht. Sie wären also nicht im Vollsinne ethisch ansprechbar, weil es sich bei ihnen lediglich um mehr oder minder ohnmächtige Spielbälle eines übermächtigen Verflechtungs- und Verblendungszusammenhangs handelte, der auf perfide Weise die Handlungen und Verhaltensweisen seiner Mitglieder determiniert; das wäre buchstäblich eine üble, ja sogar menschenunwürdige Geschichte. Doch wir können es uns nicht leisten, einer solchen geschichtlichen Interpretation anzuhängen. Ein derartiger Determinismus würde uns nämlich auf nicht wünschenswerte Weise jeglicher Verpflichtung oder Verantwortung für das menschliche Gedeihen entheben.

x
Great Acceleration
Die beschleunigte Wirksamkeit menschlichen Stoffwechsels mit der Natur, der aufgrund von Bevölkerungs- und Wirtschaftswachstum zu einer dramatisch wachsenden Zahl von Zusammenbrüchen innerhalb der globalen Ökosysteme führt.

Unser aller Gedeihen wird gefährdet durch die Große Beschleunigung: Great Acceleration x nennt man das Phänomen des beschleunigten Anstiegs der CO_2-Konzentration in der Erdatmosphäre seit der Mitte des 20. Jahrhunderts. Die Explosion bei den Emissionen ist auf den gewaltigen Industrialisierungsschub zurückzuführen, der insbesondere durch die Gewinnung und Verarbeitung von Mineralölen verursacht wurde. Die Veränderungen im Erdsystem sind derart gravierend, dass sogar von einem neuen Erdzeitalter gesprochen wird. Die Atmosphären-Chemiker Paul J. Crutzen x und sein Kollege, der Biologe Eugene F. Stoermer x, haben die tiefgreifenden und größtenteils unumkehrbaren Veränderungen herausgearbeitet, die unter dem Titel „Klimawandel“ firmieren. Sie haben für das Erdzeitalter dieser tiefgreifenden Transformation durch die anthropogene Erderwärmung den Ausdruck „Antropozän“ geprägt. Das Anthropozän x wirft in einem bisher nie gekannten Maße ethisch gehaltvolle Fragen auf. Eine der bedeutsamsten ist wohl die, wie wir durch unser gegenwärtiges Handeln und unser tatsächliches Verhalten für das Wohl kommender Generationen Vorsorge leisten oder aber deren Entwicklungschancen dauerhaft zunichte machen.

x
Paul J. Crutzen
1933–2021
Niederländischer Atmosphärenchemiker und Meteorologe, der für seine bahnbrechenden Untersuchungen zur Ozonschicht den Chemie-Nobelpreis erhielt und als Mitbegründer des Begriffs Anthropozän gilt.

x
Eugene F. Stoermer
1934–2012
US-amerikanischer Biologe, der als erster den Begriff Anthropozän in die Wissenschaft einführte.

x
Anthropozän
Erdgeschichtliches Zeitalter, in dem der Mensch der vorherrschende Faktor der Umweltveränderung ist. Diese Ära beginnt mit der Industrialisierung und der zunehmenden Konzentration von Treibhausgasen in der Atmosphäre.

Folgt man der „International Commission For The Human Future“, dann ist die derzeitige Menschheit mit mindestens zehn Großbedrohungen konfrontiert, die wir als zu bewältigende Aufgaben entweder annehmen oder an der die Gattung Mensch voraussichtlich scheitern wird: ökologischer Kollaps, Erderwärmung, Massenvernichtungswaffen, Ressourcenknappheit, globale Vergiftung, Nahrungsmittelunsicherheit, Pandemien, (Über-)Bevölkerung, unkontrollierbare Technologien und Selbsttäuschung.[141]

Diese Liste ist nicht als Menetekel zu lesen, sondern als eine Arbeitsliste zu verstehen. Sie sollte uns als gestaltungswillige wie auch vernunftfähige Lebewesen zu denken geben. Nicht zuletzt der zehnte Punkt erscheint uns wichtig zu sein – nämlich die Bedrohung, die vom Faktor „Selbsttäuschung“ von uns Menschen für uns Menschen ausgeht. Schließlich könnte es sich künftig herausstellen, dass der Mensch technologisch überhaupt nicht mehr so viele Lösungen finden kann, wie sie immer wieder beschworen werden; zumal die Großlösungen wie Geo-Engineering [x] wohl mehr gefährliche Nebenwirkungen aufweisen als beabsichtigte Hauptwirkungen und darum ethisch unzulässig sind. Es könnte sein, dass wir Risiken unseres planetarischen Verhaltens weiterhin falsch einschätzen und unsere Kapazitäten zur Kompensation von schädlichen Nebenwirkungen unseres Handelns überschätzen.

x
Geo-Engineering
Hochriskante technologische Methoden zum Eingriff in das Klima- und Erdsystem: Ziel ist die Verlangsamung der globalen Erderwärmung und das Abfedern der gravierenden Folgen des Klimawandels etwa durch Umlenkung der Sonneneinstrahlung.

Kennzeichnend für Prometheus ist sein unbändiger Glaube an die Machbarkeit und Gestaltbarkeit der Welt, ein Glaube, dem auch Designpraktiker wie -theoretiker so lange anhängen, wie sie nicht plötzlich, zum Beispiel krankheits- oder katastrophenbedingt, mit dem Widerfahrnischarakter unserer Existenz konfrontiert werden. Die Annahme eines Lebens, aus dem Kontingenz (also Zufall oder Chaos) dank angewandter Wissenschaft eliminiert werden kann, scheint für manche lebensnotwendig zu sein, sie ist aber illusorisch.

Der Faktor „Selbsttäuschung“ wird zu einem moralischen Problem, wenn die Lasten von katastrophalen Klimaereignissen unterschiedlich verteilt sind und unterschiedlich gut kompensiert werden können. Bewohner ärmerer Weltgegenden, die ohne Vermögen und Kredit und zumeist unter leidlich stabilen politischen Rahmenbedingungen ihr Leben fristen müssen, sind Großkatastrophen nahezu schutzlos ausgeliefert; besonders vulnerabel ˣ sind Frauen und Kinder.

x
Vulnerabilität
Interdisziplinäres Konzept, das die Verletz- und Verwundbarkeit von Personen und Gruppen wie auch die Anfälligkeit technischer Systeme für bestimmte Risiken beschreibt.

Die dramatischen Veränderungen der Lebenswelten fördern immer stärker die globale Gerechtigkeitsproblematik zutage. In diesem Zusammenhang steht vor allem die ethische Frage nach der intergenerationellen Gerechtigkeit, eine Frage, die im Deutschen Grundgesetz seit 1994 in Artikel 20a anklingt, wo es heißt, dass der Staat „auch in Verantwortung für die künftigen Generationen" handle und die „natürlichen Lebensgrundlagen" schütze. Die Vereinten Nationen (UN) haben sich im Jahr 1987 darauf verständigt, dass für die Weltgemeinschaft intergenerationelle Gerechtigkeit ein leitendes Prinzip und Ziel politischen Handelns sein solle. Es entstand ein Bericht mit dem vielsagenden Titel „Our Common Future", der von den Möglichkeiten und Risiken des menschlichen Zusammenlebens in der nahen und ferneren Zukunft handelte. Dieser Bericht hat unter dem Namen *Brundlandt-Report* ˣ Nachhaltigkeitsgeschichte geschrieben. Er sieht ganz grundsätzlich vor, dass „eine Entwicklung anzustreben ist, die „die Bedürfnisse der gegenwärtigen Generationen befriedigt, ohne die der künftigen Generationen zu gefährden"[142].

x
Gro Harlem Brundlandt
***1939**
Norwegische Ministerpräsidentin, die der Weltkommission für Umwelt und Entwicklung vorsaß und darin den Bericht verantwortete, dem die international gültige Definition von „nachhaltiger Entwicklung" entstammt.

So wegweisend dieser Ansatz auch gewesen ist, lässt er in mancher umwelt- und naturethischen Hinsicht zu wünschen übrig. Denn das Konzept der nachhaltigen Entwicklung folgt einem anthropozentrischen Ansatz ˣ. Wir sind es innerhalb unserer ethischen Systeme nicht anders gewohnt, als automatisch den Menschen und seine Wohlfahrt, sein Gedeihen sowie sein Glücksstreben ins Zentrum unserer moralischen Grammatiken zu rücken.

x
Anthropozentrismus
Steht in Debatten innerhalb der angewandten Ethik für ein weltanschauliches Konzept, das dem Menschen eine privilegierte moralische Stellung im Weltgeschehen zuweist.

Wir begehen aber Fehler, wenn wir in unser Nachhaltigkeitsdenken und -handeln den Erhalt der natürlichen Systeme nicht stärker einbeziehen und den Anthropozentrismus nicht als integralen Bestandteil des Problems sehen. Warum sollte der Mensch unter „Millionen anderer Spezies" ausgerechnet „philosophiewürdiger" und darum auch moralisch höherwertiger sein als die anderen Tierarten? [143] Unverkennbar stehen uns noch mächtige kulturelle Selbstverständnisse im Wege, um, anders als bisher üblich, den natürlichen Lebensgrundlagen gegenüber unserem anthropogenen Handeln und Denken einen logischen Vorrang zu gewähren.

Demgegenüber warten die Natur- und Umweltethiken mit einer beträchtlichen Akzentverschiebung auf: „Die Naturethik fragt nach dem ethisch richtigen Umgang des Menschen mit der Natur. Da die traditionelle Ethik sich auf die Frage des richtigen Umgangs des Menschen mit dem Menschen konzentrierte, fügt die Naturethik dem traditionellen ethischen Kanon etwas Neues hinzu.“ [144]

Doch wie ist der richtige Umgang mit der Natur überhaupt zu denken? Welche außerökonomischen Werte schlummern in ihr?

Erst einmal ist die Natur ein Gegenstandsbereich, der nicht unmittelbar „vom Menschen gemacht wurde, sondern (weitgehend) aus sich selbst entstanden ist, neu entsteht und sich verändert (so wie Tiere, Pflanzen, Steine, Flüsse, Berge und Planeten).“ [145] Natur ist all das, was sich ohne unser Zutun entwickelt, entsteht, geboren wird und vergeht. Damit ist Natur von vornherein eine Bedrohung für die menschliche Selbstherrlichkeit, die sich vor allem im technologischen Modus der Naturbeherrschung seit Jahrhunderten immer gewaltiger Bahn gebrochen hat. Der menschliche Stoffwechsel mit der Natur findet unter einem ungeheuren Verzehr und Verschleiß von Ressourcen aller Art statt, Ressourcen, die durch die industrielle Produktionsweise und den globalen Handel in Kapitalien aller Art verwandelt werden. Daher meint Donna J. Haraway [x], dass es weitaus angemessener wäre, unsere Epoche als das „Kapitalozän“ [146] zu benennen.

x
Donna J. Haraway
***1944**
US-amerikanische Ökofeministin, Biologin und Geschlechterforscherin, die sich in ihren Studien mit dem Verhältnis von Tier, Mensch und Maschine und mit Alternativen zum anthropozentrischen Wissenschafts- und Gesellschaftskonzept befasst.

Kennzeichnend für das Kapitalozän ist der exponentiell wachsende Bedarf an Energie, bei dessen Erzeugung und Bewirtschaftung schier unvorstellbare Mengen an Ressourcen, Lebewesen und Biodiversität vernichtet werden, nur um immer mehr Zeug herzustellen. Man möge sich vorstellen: „Im Jahre 2020 hat die tote Masse – also Häuser, Asphalt, Maschinen, Autos, Plastik, Computer usw. usf. – die Biomasse erstmals übertroffen.“ [147] Dank den angewandten Wissenschaften, d.h. Techniken aller Art, verwandeln wir das Protoplasma der Natur durch menschlichen Geist sukzessive in Zeug. Die Verwandlung von Natur ist ein gigantischer Eroberungszug, der sich aber in immer stärkerem Maße gegen die Eroberer zurückwendet. Die weiterhin voranschreitende Vernichtung der Biodiversität stellt aus verantwortungsethischer Sicht einen kaum zu rechtfertigenden Eingriff in den globalen Lebenszusammenhang dar. Dabei müsste uns die allgemein zugängliche Erkenntnis zu einem anderen Lebensstil verpflichten.

Die Vereinten Nationen haben zu diesem Zweck ein Programm aufgelegt, dessen sich jede Designerin und jeder Designer als einer Art Handreichung für das eigene Schaffen bedienen sollte. Es handelt sich um die *17 Ziele für nachhaltige Entwicklung* (SDGs) ˣ, die eine hinreichende Orientierung bieten, um den gröbsten Irrtümern im Umgang mit uns und mit unserem Planeten zu entgehen. Die Ziele sind im nachhaltigkeitsethischen Sinn anspruchsvoll. Sie machen deutlich, dass in unserem Handeln – sofern es wirklich Nachhaltigkeit beanspruchen kann – jederzeit eine 1) ökologische, eine 2) ökonomische sowie eine 3) soziale Dimension mit bedacht werden sollte. Erst in jüngster Zeit wird auch noch 4) eine kulturelle Dimension ins Spiel gebracht, die für Transformationsdesignerinnen und -designer besonders wichtig ist.

x
Sustainable Development Goals (SDGs)
Werden in Deutschland als Agenda 2030 propagiert und dienen als international gültige Verabredung unter anderem der Friedens- und Ernährungssicherung, des Umwelt- und Artenschutzes sowie anderer Nachhaltigkeitsziele.

Der Prozess der gesellschaftlichen Transformation wird voraussichtlich nur dann gelingen, wenn wir unsere kulturellen Wertesysteme auf den Prüfstand stellen. Besonders prominent ist, wie gesagt, unser ethisches Selbstverhältnis als anthropos. Wir werden womöglich unsere anthropozentrischen Wertesysteme kritisch befragen und um sogenannte „ökozentrische Werte“[148] ergänzen müssen. Eine Lesart ökozentrischer Werte besagt, das sich unser ethischer Radius auf alles tierische Leben erstrecken sollte, sofern es leidensfähig ist. Man nennt dies den pathozentrischen Ansatz ˣ, der die Gesamtheit der höheren Lebewesen umfasst. Über den Pathozentrismus hinaus geht der biozentrische Ansatz, der auch das pflanzliche Leben in den Wertekosmos miteinschließt. Der Biozentrismus ist in gegenwärtigen Diskussionen über den Erhalt der Biodiversität ˣ von Belang.

x
Pathozentrismus
(von griech. „pathos“ = Leiden, Schmerz). Stellt eine Alternative zur anthropozentrischen Auffassung dar, die alle empfindungsfähigen Lebewesen als moralisch berücksichtigenswert ansieht.

x
Biodiversität
In Ökosystemen anzutreffende biologische Vielfalt, die im Diskurs über den rapiden Verlust von Tier- und Pflanzenarten thematisiert wird, der schon heute als das sechste Massensterben innerhalb der Evolution gilt.

Der physiozentrische Ansatz geht sogar noch über den Bereich des Lebendigen hinaus und erkennt zum Beispiel in kompletten Landschaftsgebilden ethische Eigenwerte. Hier ist die ökozentrische Ethik mit der Umweltästhetik im Bunde, da es um die Anerkennung von Naturschönheit geht, die für uns Menschen eine nicht zu unterschätzende Bedeutung hat.

Diese Ansicht teilte einer der Gründerväter der US-amerikanischen Naturschutzbewegung, Aldo Leopold ˣ. Dieser hat in seinem *Sand County Almanach* die Grundlagen für die Umweltethik entfaltet. Dazu zählt eben auch ein ästhetischer Sinn für die vielfältigen Schönheiten der Natur. Entsprechend sieht Leopold eine Handlung als umweltethisch gerechtfertigt an, „wenn sie dazu beiträgt, die Integrität, Stabilität und Schönheit der Natur zu erhalten. Sie ist falsch, wenn sie das Gegenteil bewirkt."[149] Je größer und umfassender die Dimensionen und Reichweiten der ökozentrischen Modelle werden, desto mehr nähert man sich der Gaia-Hypothese an. Die Gaia-Theorie besagt, dass wir das planetare System als einen einzigen Organismus betrachten sollten. Das Leben und die Erde bilden ein gemeinsames Ganzes, so James Lovelock und Lynn Margulis ˣ: Jede empfindliche Störung ihres integralen Zusammenhangs führt zu unabsehbaren Folgen für das Klima, die Säurebelastung der Meere etc. Da die Gaia-Theorie auf dem Modell einer sich selbst regulierenden Wirkungsganzheit (einem Holon) beruht, ist sie ein holistisches Konzept.

Eine der stärksten, aber auch umstrittensten Positionen stellt die Tiefenökologie ˣ nach Arne Naess ˣ dar. Laut Naess hat alles Leben einen Wert in sich selbst. Menschen haben prinzipiell kein Recht, die Biodiversität zu vermindern, es sei denn, sie müssen ihre eigenen vitalen Bedürfnisse befriedigen. Die menschlichen Interventionen in die Biosphäre sind unserer Wirtschaftsweise geschuldet, die aber den Eigenwert alles Lebendigen verleugnet. Eine Anerkennung dieses Eigenwerts müsste zu einem sensitiveren Umgang mit Ernährungs- und Mobilitätsmustern führen. Ferner wäre eine Art von Gleichgewicht zwischen der Produktion und der Konsumption sowie ein Gleichgewicht zwischen der Geburtenrate und der Sterberate erforderlich.

x
Aldo Leopold
1887–1948
US-amerikanischer Forstwissenschaftler und Ökologe, der sich im Rahmen seiner Studien mit dem Schwund der Artenvielfalt und der Vernichtung von Ökosystemen befasste.

x
James Lovelock
1919–2022
Britischer Mediziner, Erdsystemwissenschaftler und Erfinder. Gilt gemeinsam mit der US-amerikanischen Mikrobiologin Lynn Margulis (1938–2011) als Begründer der Gaia-Hypothese.

x
Tiefenökologie
Ganzheitlich angelegte Umweltphilosophie, die die enge Verflechtung allen Lebens betont und für harmonische Lebensformen eintritt, unter denen die Umwelt so gering wie möglich belastet wird.

x
Arne Naess
1912–2009
Norwegischer Philosoph und Begründer der deep ecology als einer politischen Philosophie und grünen Bewegung, die für die Anerkennung des Eigenwerts der Natur eintritt.

Man kann sich leicht denken, dass dies mit einer starken politischen Steuerung einhergehen würde, die dem Freiheitsversprechen von westlichen Gesellschaften nicht entspricht. Umgekehrt lehrt uns aber diese Perspektive, wohin wir steuern, wenn wir maßgebliche Prozesse des Umgangs mit materiellen wie immateriellen Ressourcen nicht willentlich lenken – wir werden die Probleme auf unzulässige Weise kommenden Generationen vererben.

Egal welches umwelt- oder naturethische Konzept einen persönlich mehr oder weniger anspricht, ist die prinzipielle Einsicht wichtig, dass wir im Fall einer dauerhaften Schädigung unserer Ökosysteme uns selbst als Gattung die Lebensgrundlage entziehen. Obwohl die Konzepte im Detail unterschiedliche Schlussfolgerungen für das menschliche Handeln ziehen, teilen sie die Einsicht in einen notwendig erscheinenden Paradigmenwechsel x innerhalb unserer hergebrachten kulturellen Werteordnungen. Ohne einen Wechsel der Denkstile und Handlungsweisen inklusive Überwindung der schöpferisch-zerstörerischen kapitalistischen Produktionsweise werden wir uns jedenfalls den umwelt- und klimaethischen Herausforderungen unserer Zeit kaum gewachsen zeigen.

x
Paradigmenwechsel
Bezeichnet in der modernen Wissenschaftsphilosophie den Wechsel von Vorverständnissen von Gegenständen oder Methoden der Erkenntnis. Im Alltag wird damit ein Wandel in den Lebenseinstellungen gemeint.

So werden etwa auch Designerinnen und Designer, die einen Sinn für Fragen der Nachhaltigkeit entwickeln, nicht umhinkönnen, am Gerüst unseres kulturellen Normensystems zu rütteln und mit jenen transformationdesignerischen Praktiken zu experimentieren, die eine „Gestaltung von Reduktion“ bzw. eine „Kultur des ‚Weniger‘“ wahrscheinlicher machen.[150] Damit die Organisation des Weniger gelingen kann, muss auf vielen Ebenen gleichzeitig gearbeitet werden, an Fragen der Generationengerechtigkeit, der Lebensqualität, der Ressourcenschonung sowie an der Herausforderung des sozialen Zusammenhalts und der Wahrnehmung von internationaler Verantwortung.[151]

Auf der internationalen Bühne gibt es eine Vielzahl von Menschen, die kaum wirtschaftliche Zukunftsvorsorge leisten oder keine Bildungschancen verwirklichen können. So erscheint es in Anbetracht ständig wachsender Gerechtigkeitsprobleme als ungemein wichtig, sich den legitimen Interessen von Menschengruppen des Globalen Südens zu-

zuwenden und denen eine Stimme zu verleihen und zur Sichtbarkeit zu verhelfen, die von Ressourcenkonflikten und Armut betroffen und deren legitime Interessen in unserer Sphäre des Wohlstands wenig repräsentiert sind. Doch was hindert uns daran, uns glaubwürdig für die Belange von Personengruppen des Globalen Südens [x] einzusetzen und an unserem Verhalten zu arbeiten?

x
Globaler Süden
Die Länder des Globalen Südens sind jene Schwellen- und Entwicklungsländer, deren Bewohner sich am Globalen Norden, den politisch wie wirtschaftlich am weitesten entwickelten Ländern orientieren. Der Begriff ist nicht geografisch zu verstehen.

Antworten darauf erteilt die „Moralpragmatik" [x]. Dabei handelt es sich um ein interdisziplinäres Unternehmen, bei der Ethik, Psychologie und Politikwissenschaften zusammenarbeiten, um herauszufinden, wieso es uns nicht gelingt, mit unseren theoretischen und moralphilosophischen Einsichten Ernst zu machen und bestimmte moralisch oder ethisch relevante Ziele stärker zu verfolgen als bisher. Da wäre zum Ersten die Überforderung vieler Akteure, die mit der „Langfristverantwortung"[152] von Klimaveränderung nicht angemessen umgehen können, sprich: die sich und ihre eigene Lebensführung nicht in die Maßstäblichkeit intergenerationeller Planungen übersetzen und sich nicht die langfristigen Konsequenzen ihres Handelns vorstellen können (oder wollen). Damit scheitern sie an dem ersten Grundsatz, den Hans Jonas [x] in *Das Prinzip Verantwortung* (1979) formuliert hat, man solle die zukünftige Existenz der Menschheit nicht gefährden. „Handle so, dass die Wirkungen deiner Handlung verträglich sind mit der Permanenz echten menschlichen Lebens auf Erden!"[153]

x
Moralpragmatik
Ein interdisziplinärer Ansatz, in dem untersucht wird, welche Faktoren normadäquates Verhalten motivieren bzw. verhindern.

x
Hans Jonas
1903–1993
Deutsch-US-amerikanischer Philosoph, hat mit seinem opus magnum wichtige Impulse für die ökologischen, bio-, medizin- wie zukunftsethischen Debatten geboten.

Zum Zweiten ist das Motivationsproblem auf die „*Anonymität* der Zukünftigen und die *Unsicherheiten* des prognostischen Wissens" zurückzuführen, was der „Praktikabilität von Zukunftsverantwortung" effektiv entgegensteht.[154] Ungewissheit stellt für uns Menschen eine Zumutung dar, auf die wir gerne verzichten und die sich als durchgängig motivationsmindernd auswirkt. Treten potenzielle Schädigungen als bloß abstrakte Risiken ins Bewusstsein, fällt es uns leichter, sie unter den Tisch fallen zu lassen. Das Verdrängen und Verleugnen von Schädigungspotenzialen hängt auch mit der Stimme des Gewissens zusammen, die wir nicht unbedingt vernehmen wollen. Ein Leben mit Schuldbewusstsein zu führen ist unangenehm. Aber was wäre denn, wenn wir – und das heißt in unserem Kontext: wir Designer – wirklich mitschuldig wären?

Ein Teil dieses Verschuldungszusammenhangs wäre prinzipiell auszugleichen durch die Etablierung eines generalisierten Mitgefühls, das in bestimmten geistigen und spirituellen Traditionen wachgehalten wurde. Wir würden nicht länger zu Komplizen einer alles verzehrenden Wirtschaftsweise, wenn wir stärker als bisher all die außermenschlichen Arten in das Spiel der Kräfte einbeziehen und am Aufbau einer „artenübergreifenden Responsibilität"[155] arbeiten würden.

Viele Umwelt- und Klimaethiker sehen einen inneren Zusammenhang zwischen einem generalisierten Mit- und Verantwortungsgefühl. Klimaverantwortung wahrzunehmen kann die Gabe der „Selbsttranszendierung" x [156] fördern: eine Fähigkeit, die als Schlüssel zu einem vertieften Wertebewusstsein gilt. Man transzendiert sich selbst, indem man einen Sinn für die Daseinsfristungsbedingungen kommender Generationen entwickelt und seine eigenen unmittelbaren Triebimpulse hintanstellt. Sich im Geiste der Vorsorge für die globale Zukunft und die Integrität der Natur einzusetzen, stiftet Sinn.

x
Selbsttranszendierung
Vorgang der selbstreflexiven Infragestellung und Distanznahme gegenüber der eigenen Persönlichkeit, die im Hinblick auf etwas anderes, ein größeres Ganzes oder einen jenseits der eigenen Person liegenden Sinnhorizont überschritten wird.

Auf die politisch-gesetzliche Regulierung zu warten wäre eine Hoffnung, die bestimmt so lange enttäuscht wird, wie nicht aus der Bevölkerung selbst mehr Stimmen laut werden, die für entsprechende Gesetzesmaßnahmen eintreten. In der Zwischenzeit könnte eine Aufgabe von Designern sein, die heutigen Akteure in einen Zusammenhang zu versetzen mit künftigen Akteuren, um diese Distanz zu überbrücken. Sicher ist, dass die Menschen der Zukunft anders ticken werden als wir. Sie werden andere Einstellungen und Werte vertreten. Gleichwohl sind wir verpflichtet, darüber nachzudenken, wie wir über den Abgrund der Zeit hinweg mit ihnen kommunizieren können. Dies betrifft so elementare Fragen des Überlebens wie die Kennzeichnung von nuklearen Endlagern (Atomsemiotik). Wir können jetzt schon wissen, dass solche Kennzeichnungen im Interesse künftiger Generationen sind, ohne dass wir dazu mit ihnen in einen Austausch treten müssten. Darum ist die Kennzeichnung des radioaktiv strahlenden Mülls eine wichtige gestalterische Aufgabe: Wie muss ein Raum gestaltet und gekennzeichnet sein, damit Menschen in Tausenden von Jahren noch verstehen, welche tödliche Gefahr hier droht?

Erkenntnis verpflichtet. Da wir über hinreichendes Wissen verfügen, können jetzt lebende Menschen sich nicht mehr herausreden aus ihrer Verpflichtung für ein gedeihliches Leben. Man sollte sich als Designerin und Designer unbedingt mit den SDGs vertraut machen. Es ist gewiss kein Schaden, sich gelegentlich mit profunden natur- und umweltethischen Begründungen auszustatten, um auf dieser Basis einem einseitigen Wachstumsverständnis zu begegnen, das uns auch in der Europäischen Union im Rahmen des Green Deals [x] begegnet.

x
Green Deal
Der European Green Deal der Europäischen Kommission sieht Maßnahmen zur Erreichung von Klimaneutralität der europäischen Mitgliedstaaten bis 2050 vor. Dazu zählt unter anderem der Ausbau der Kreislaufwirtschaft.

Sinnvoller erscheint es längst, sich von der Idee eines möglichst bequemen Lebensstandards zu lösen und auf den Faktor Lebensqualität zu setzen: Ein Mehr an Lebensqualität hieße für viele Menschen mehr Zeit für Beziehungspflege, eine bessere Aufteilung von Care-Arbeiten und mehr Zeit für die Selbstsorge. Die bestehenden Mängel sind durch kein quantitatives Wachstum (auch nicht durch ein „grünes Wachstum") auszugleichen. Auch wenn es das erklärte Ziel im Kampf gegen den Klimawandel ist, die Erderwärmung zu drosseln, darf sich die entsprechende Ethik nicht zu einer Frage der CO_2-Emissionseinheiten entwickeln. Beim Kampf gegen die Erderwärmung handelt es sich nicht um ein rein technisches Problem.

Designer dürfen sich berufen fühlen, in einem zukunftsethischen Sinn an dieser Fragestellung mitzuarbeiten. Sie fragen sich dann, wie man in Beziehung zu noch unbekanntem Leben tritt – eine Frage mithin, die den Gesichts- und Erlebenskreis des rein menschlichen Lebens überschreiten müsste. Ein vielversprechender Kandidat auf eine zukunftsethische Option bietet sich auf der Spielwiese des Spekulativen Designs [x] an. Dabei handelt es sich um die Gestaltung neuer Möglichkeitsformen und Gegenentwürfe, die als Kritik an gegenwärtigen Schieflagen wichtig sein können. Der intellektuelle Mehrwert besteht in der Erkenntnis eines signifikanten Unterschieds zwischen dem, was ist, und dem, was (besser) sein sollte.

x
Spekulatives Design
Eine Spielart des Critical-Design-Ansatzes von Anthony Dunne und Fiona Raby, der die experimentelle Erforschung alternativer Zukunftsmodelle und die spielerische Erschließung neuer Zukunftsannahmen ermöglichen soll.

Designgenossenschaften als Verantwortungsträger

Immer mehr Arbeitnehmer sind auf der Suche nach einer Organisation, die ihnen Raum bietet für die Verwirklichung der eigenen Ideale. Sie suchen nach Möglichkeiten für gesellschaftliche Partizipation und Sinnstiftung auch in ihrem Berufsleben. Neudeutsch spricht man vom „purpose“ x, also vom Zweck des Handelns – jenseits entfremdeter Arbeit. Doch mit Zweck ist in einem unternehmerischen Handlungskontext nicht unbedingt das Ziel der Profitmaximierung gemeint. Es können auch Ziele in Betracht kommen, die sich aus einer Organisationskultur ergeben und die auch einen institutionsethischen Kern aufweisen können.

x
purpose
Ziel oder Zweck. Speist sich meist aus individuellen Überzeugungen, die sowohl intrinsisch motiviertes Handeln als auch sozial erwünschtes oder sinnhaftes Verhalten ermöglichen.

Eine Genossenschaft ist eine Gesellschaftsform, die einen eigenen institutionsethischen Markenkern bilden kann. Eine Institution zeichnet sich dadurch aus, dass sie Mittel und Wege vorgibt, korporative Verantwortung zu organisieren. Unter korporativer Verantwortung versteht man das Handeln einer Gruppe von Menschen, die in einem Verhältnis der Kooperation miteinander stehen und die sowohl individuell als auch kollektiv handeln. Diese Gruppe bildet sogenannte „Wir-Intentionen“ aus, d.h., die Mitglieder eines Unternehmens oder einer Partei treffen als Mitglieder „gemeinsame Festlegungen“ und entwickeln sogar eine „interne Organisationsstruktur“, die ihnen eine Abstimmung über die Art und Weise ermöglicht, wie Entscheidungsprozesse bestmöglich abzulaufen haben.[157]

In einer Genossenschaft haben es die Mitglieder selbst in der Hand, wie sie den Faktor korporative Verantwortung in denkbar flachen Hierarchien ausgestalten. So existieren bereits seit Längerem Ansätze, in denen der Zusammenhang von Menschen und Mitteln zum Erreichen unternehmerischer Zwecke auf eine egalitärere Basis gestellt wird und die dem Sinnversprechen von Arbeit dadurch bedeutend näher kommen. Dabei handelt es sich bei einer Genossenschaft x um eine „Urform wirtschaftlicher Zusammenarbeit“[158]. Sie ist für Designer ein interessantes Kooperationsmodell mit einer eigenen Sozial- und Wirtschaftsethik.

x
Genossenschaft
Kooperativer Zusammenschluss von Personen innerhalb einer Rechtsform, die ihren Mitgliedern die gemeinschaftliche wirtschaftliche Aktivität gewährt. Trotz unterschiedlich formulierbarer Satzungszwecke ist sie stets dem Gedanken des Gemeinnutzens verpflichtet.

Seit dem Mittelalter gibt es in Städten bestimmte Straßenzüge, in denen sich Berufsstände ansiedeln, um in Gestalt von Gilden satzungsgemäße Koalitionen und Assoziationen einzugehen. Aus der Designgeschichte kennen wir die Art Workers' Guild ˣ, die als eine freie Assoziation an derartige mittelalterliche Traditionen bewusst Anschluss suchte. Wir finden in den Jahren 1928–1930 am Bauhaus in Dessau wahlverwandte Bestrebungen vor. Der zweite Direktor am Bauhaus, Hannes Meyer, hat den Aufbau von „coops"[159] vorangetrieben: „Meyers sozial(istische) Orientierung ist in dieser Zeit stark genossenschaftlich geprägt und fern einer zentralistischen Planung, für die [Walter] Gropius eintritt."[160]

x
Art Workers' Guild
1884 gegründete Organisation von Architekten, bildenden Künstlern und Entwerfern, die in Verbindung zu Morris' Arts-&-Crafts-Bewegung stand und im Rahmen nichtkommerzieller Ausstellungen fortschrittliche Konzepte der Arbeit vorstellte.

Zentralistische Systeme sind hierarchisch gegliedert und bringen in verantwortungsethischer Perspektive den Nachteil mit sich, dass sie keine Anreize bieten, jenseits der rituellen Befehls- und Gehorsamsstruktur eigenverantwortlich zu handeln. In Unternehmen mit hierarchischem Gefüge wird ein Arbeitsauftrag erteilt, dessen Eingang auf unterer Ebene bestätigt und bearbeitet wird. Auf umfänglichere Frage- und Antwortspiele oder ein Übermaß an geistiger Eigenleistung verzichten Betriebe ab einer bestimmten Größe und eines bestimmten Organisationsgrades, da ansonsten die Gefahr besteht, dass Kommunikation zu sehr ausufern könnte und die spezifisch administrative Rationalität der Entscheidungsfindung nicht mehr greifen würde. Demgegenüber macht die Genossenschaft eine andere Grundidee geltend. Sie stellt für ihre Mitglieder eine mutuelle Realität ˣ dar.

x
Mutualität
Handeln auf Gegenseitigkeit. Die mutuelle Handlungsweise ist bekannt als das Prinzip nachbarschaftlichen Verhaltens, das als Verkörperung zwischenmenschlicher Beziehungen fast überall erfahrbar ist.

Das Modell der Genossenschaft ist – auch in ethischer Hinsicht – zukunftsweisend, da im Rahmen dieser Sozialstruktur ein sinnvoller Gebrauch von der Idee der korporativen Verantwortung gemacht werden kann. Dieser Gedanke hat schon Harriett Taylor Mill ˣ und ihren Gatten John Stuart Mill fasziniert. Sie bringen in den *Principles of Political Economy* (1848) die Idee von Kooperativen zur Geltung, deren wesentliches Ziel die freie Vereinigung von Arbeitern sein sollte. Die Werktätigen sollten dadurch unabhängiger von ihren Arbeitgebern werden und sich zu Vereinigungen zwischen Produzierenden und Konsumierenden zusammenschließen. Die zugrunde liegende Einsicht ist, dass „die Prinzipien der Verteilung" von Gütern und Dienstleistungen auf immer wieder neu zu bewertende „Vereinbarungen

x
Harriett Taylor Mill
1807–1858
Britische Frauenrechtlerin. Arbeitete eng mit ihrem Ehemann John Stuart Mill (1806–1873) zusammen, der als einer der wichtigsten Vertreter des Utilitarismus gilt und als liberaler Politiker für die Emanzipation der Frauen eintrat.

zwischen den Menschen" beruhen.[161] Dieser Gedanke ist grundemanzipatorisch. Den Werktätigen sollte klar werden, dass das Wirtschaftsleben immer von Menschen gemacht wird. Entsprechend sind Ökonomien auch durch ethische, rechtliche und politische Regulierung gestaltbar.

Die Grundlage der Kooperative bilden ethische Prinzipien wie das der Reziprozität, der Mutualität, der Selbstbestimmung und der formalen Gleichheit. Zukunftsethisch brauchbar ist dieses Modell, weil es Genossenschaftlerinnen und Genossenschaftler dazu befähigt, sozial resiliente [x] und besonders tragfähige Risikogemeinschaften aufzubauen. Als Sinn- und Potenzialentfaltungsgemeinschaft bietet die Genossenschaft den Individuen die Chance, sich nach demokratischen Grundsätzen zu organisieren.

x
Resilienz
Fähigkeit, mit Unsicherheiten und Risiken umgehen zu können. Dazu zählen Kompetenzen zur Krisenbewältigung, Anpassungsfähigkeit an Entwicklungen und die Fähigkeit der Stärkung ökologischer und sozialer Transformation.

Diese Verkörperung egalitärer Ideale steht im Gegensatz zu den asymmetrischen Verhältnissen innerhalb von Hierarchien, wie sie in den meisten Unternehmen praktiziert werden. Die Handlungssymmetrie des Genossenschaftswesens setzt dem eine andere, institutions- und wirtschaftsethisch brisante Organisationskultur entgegen. Unter Organisationskultur versteht man in der Wirtschaftsethik „die Gesamtheit der in der Unternehmung bewußt oder unbewußt kultivierten, symbolisch oder sprachlich tradierten Wertüberzeugungen, Denkmuster und Verhaltensnormen, die sich im Laufe des erfahrungsreichen Umgangs mit den Anforderungen der unternehmerischen Existenz- und Erfolgssicherung nach außen sowie der Sozialintegration nach innen entwickelt und bewährt haben und die deshalb den Unternehmensangehörigen als gültige Formen des Wahrnehmens, Denkens und Urteilens, Sprechens und Verhaltens vermittelt werden."[162]

Eine lebendige und Zufriedenheit gewährleistende Organisations- und Unternehmenskultur lebt von der Motivation ihrer Mitarbeiterinnen und Mitarbeiter. Motivation speist sich in der Regel aus einem hohen Grad an Sozialintegration – ein Aspekt, der im Zeitalter von Inklusion [x] und Diversität [x] eine immer größere Rolle spielt. Ein an Teilhabe orientiertes und Diversität verkörperndes Unternehmens- und Prozessdesign lässt sich in der Satzung einer Genossenschaft verankern. Diversitätsdenken und -handeln finden in der Genossenschaft einen institutionsethischen

x
Inklusion
Im Gegensatz zu Exklusion soll die Inklusion eine gleichberechtigte Teilhabe an der Gesellschaft bewirken. Pädagogisch drückt sie sich in der Wertschätzung von Diversität, dinglich durch die Herstellung von Barrierefreiheit aus.

x
Diversität
Der Begriff eröffnet einen Diskurs, in dem die Unterschiedlichkeit von Herkunft, Alter, Nationalität und Geschlechteridentität zur sozialen Norm erklärt wird. Ziel ist die Verbesserung der sozialen Teilhabechancen marginalisierter Gruppen und Individuen.

Rahmen, der ein gutes Mischungsverhältnis aus Handlungssicherheit und Wandlungsfähigkeit bietet, das von den Mitgliedern der Genossenschaft je nach Zusammensetzung selbst bestimmt werden kann.

In den Satzungen von Genossenschaften sind Prinzipien demokratischer Konsensbildung fest integriert. Aufgrund derartiger organisationsrechtlicher sowie betriebsfunktionaler Bestimmungen ist die genossenschaftliche Struktur besonders geeignet, diskursethische Konzepte zu verwirklichen. Die Diskursethik [x] bevorzugt eine verständigungsorientierte und deliberative Praxis [x], die die Entwicklung eines herrschaftsfreien Diskurses ermöglicht, an dem idealerweise jeder teilnehmen kann. Herrschaftsfreiheit ist eine Idealnorm innerhalb der Diskursethik, die in der Praxis bedeutet, dass die Teilnehmerinnen und Teilnehmer einer Redesituation vor allem am zwanglosen Austausch von Argumenten und an substanzieller Verständigung interessiert und fähig sind, alle Beteiligten gleich anzuerkennen. Auf die organisationskulturelle Praxis überführt kommt dem eine Ausgestaltung nahe, bei der die teilhabenden Personen zu einem möglichst reziproken Verhalten bzw. zu auf Wechselseitigkeit beruhenden Handlungen befähigt werden. Im Geist der Diskursethik erscheint es sinnvoll, auf ein „menschwürdiges Zusammenleben" hinzuarbeiten, in dem die Kommunikation nicht einseitig zur Erreichung strategischer Ziele dient, „sondern immer auch verständigungsorientiert" abläuft, sodass „die Möglichkeit solidarischer Praxis" genutzt und im Sinne des Ideals einer kommunikativen Gemeinschaft aller Menschen erweitert wird.[163]

x
Diskursethik
Von Jürgen Habermas und Karl-Otto Apel entwickeltes Verfahren zur rationalen Begründung moralischer Urteile sowie zur Überprüfung der Richtigkeit ethischer Aussagen und des Geltungsanspruchs gesellschaftlicher Normen.

x
Deliberative Praxis
Eine Form intersubjektiver Beratschlagung, die in der normalen Wirtschaftsweise durch einseitige Erfolgsorientierung blockiert wird. Eingehende Verständigung unter freien Bürgern ist ein Ideal einer auf sozialer Teilhabe beruhenden Demokratie.

Das Ideal in die Praxis übersetzt, bedeutet dies, dass Entscheidungen nicht autoritär durch die Chefetage getroffen werden, sondern sich der Anwendung demokratischer Prinzipien und weitgehender Partizipationsmöglichkeiten verdanken, sodass eine hohe Motivation zum Erzielen von Konsenspositionen besteht. So bietet eine Genossenschaftsversammlung den Rahmen für eine gleichwertige Aussprache, in der jedes Mitglied das gleiche Stimmengewicht genießt. Eine derartige Praxis des Organisierens ermuntert und befähigt Personen zur Selbstverwaltung, Selbsthilfe und Selbstverantwortung.

Im Übrigen hat die Genossenschaft das Potenzial, sich der Dominanz der rein kapitalistischen Sachzwänge zur Profitmaximierung entgegenzustemmen. Der „Kolonialisierung der Lebenswelt durch die Imperative des Marktes" (Jürgen Habermas x) kann in einem genossenschaftlichen Rahmen wesentlich effektiver entgegengewirkt werden, als wenn sich Soloselbstständige und Freelancer untereinander Konkurrenz machen. Im Gegensatz dazu stiftet die Genossenschaft einen Ordnungsrahmen, in der die Sorge um den anderen handlungspraktisch Sinn ergibt.

x
Jürgen Habermas
***1929**
Deutscher Philosoph, Soziologe und öffentlicher Intellektueller, durch dessen Werk sich die Frage nach den angemessenen Bedingungen für das Führen von Diskursen und für das Aushandeln von Geltungsgründen zieht.

Allerdings stellt sich die Frage, wozu innerhalb von Unternehmen überhaupt Konsens benötigt wird. Schließlich gibt es Hierarchien innerhalb von Beschäftigungsverhältnissen, damit Übereinstimmung zwischen den verschiedenen Statusgruppen nicht vonnöten ist, um den Betrieb aufrechtzuerhalten. Viele Unternehmer erachten die Erzeugung von Konsens sogar deswegen als hinderlich, weil ihres Erachtens Innovation in den Köpfen einiger weniger entsteht, die dann andere von ihren Ideen begeistern. Und warum sollte es von Nutzen sein, dass Aussagen (gemäß einer philosophischen Konsenstheorie) auf ihren Wahrheitsgehalt geprüft werden? Brauchen Unternehmen überhaupt wahre Aussagen, „die von allen vernünftigen Gesprächspartnern anerkannt [werden], worüber alle übereinstimmen oder einen Konsens herstellen"[164]?

Ich glaube, dass wir diese Fragen bejahen sollten. Die Demokratie als Lebensform bedarf der beständigen respektvollen Verständigung, auch und gerade im Post-Truth-Zeitalter x. Das Gelingen von Kommunikation ist für das gesamte Gemeinwesen eminent wichtig, dies schließt auch wirtschaftliche Interessensgruppen mit ein. So ergibt es als Mitarbeiter eines Medienunternehmens Sinn, sich zu fragen, wie offen man eigentlich über eventuell existierende Missstände im eigenen Betrieb sprechen könnte (Whistleblowing x).

x
Post-Truth-Zeitalter
Charakteristisch für diese Ära ist die Gleichgültigkeit gegenüber der Wahrheit. In postfaktischer Kommunikation steht der emotionale Wert einer Aussage und nicht ihr Wahrheitsgehalt im Zentrum.

x
Whistleblowing
Die Veröffentlichung von Informationen, die Fehler, Risiken oder Fehlverhalten innerhalb eines Unternehmens oder einer Organisation benennen.

Im Rahmen der Medienethik würde man sich dann erst einmal allgemein dem Problem annähern, indem man folgende verantwortungsethisch relevanten Fragen durchgeht:

1. Wer trägt Verantwortung? (Handlungsträger)
2. Was ist zu verantworten? (Handlung)
3. Wofür trägt er Verantwortung? (Folgen)
4. Wem gegenüber trägt er Verantwortung? (Betroffene)
5. Wovor muss er sich verantworten? (Instanzen, zum Beispiel Gewissen, Öffentlichkeit)
6. Weswegen muss man sich verantworten? (Werte, Normen, Kriterien)[165]

Die Akteure, die sich derzeit in der Spitze einer Entscheidungspyramide befinden, könnten sich als Handlungsträger dadurch von Verantwortung entlasten, indem sie sich gewillt zeigten, von den Gipfeln des Managements herabzusteigen und die anderen Akteure in ihre Entscheidungsfindungen miteinzubeziehen. Dies bedeutete nicht nur, dass die Führungskraft und die Mitarbeiter eines Unternehmens auf Augenhöhe miteinander agierten. Vor allem Letztere sähen sich gegenüber den Objekten der Verantwortung gefordert: Alle Handlungen (Entscheidungen wie Unterlassungen) würden auf ihre Folgen hin untersucht und Aufgaben (im Konsens) in Bezug auf Produkte und Güter verteilt. Es würde ein Raum geöffnet für die Aushandlung von Werten, die nach innen wie nach außen gegenüber Adressaten vertreten werden wollen, wobei man eben nicht nur aus Marketinggründen ein attraktives Werte-Portfolio unterhält, sondern andere gesellschaftliche Akteure von der Güte des eigenen Unternehmens immer wieder aufs Neue überzeugen muss. Schließlich möchte man ja neue Genossinnen und Genossen gewinnen.

Es erscheint sinnvoll, eine Verbindung zwischen den nutzenorientierten und den sozialen Aspekten durch eine genossenschaftliche Kooperation als einer „wertebasierte[n] Sinngemeinschaft“ (Harald Bolsinger) anzustreben. Denn dadurch kann man gleichermaßen von den Vorteilen eines kreativitätsorientierten Individualismus wie auch einer solidarischen Gruppenpraxis profitieren.

Autos, Apps und die Ethik der Mündigkeit

x
Internet der Dinge
Das Internet of Things (IoT) bezeichnet die Vernetzung von Gerätschaften, die durch ubiquitious computing, also allgegenwärtige Rechnerleistung, miteinander kommunizieren.

Fast jede Technologie, die gegenwärtig das Licht der Welt erblickt, wird über kurz oder lang zum Bestandteil des allgegenwärtigen Internets der Dinge [x]. Mehr denn je sind es die Individuen selbst, die in diesen Netzwerken zu Objekten der Überwachung und der Kontrolle werden. Wir sind im Öffentlichen wie im Privaten fast durchgängig mit Gegenständen wie Smartphones und Assistenzsystemen ausgestattet, die ihr Umfeld diskret abhören und auslesen – Cortina, Alexa und Siri heißen ihre prominentesten Vertreterinnen. Aber auch im Pkw sind wir umgeben von schlauen Helfern, unseren digitalen Assistenzsystemen. Der Pkw steht wie kaum ein anderer Gegenstand für den Zugewinn an individueller Handlungsautonomie in der Moderne. Hinter dem Rücken der Autofahrerinnen und -fahrer ist jedoch aus dem Fahrzeug eine rollende Datenfabrik im Miniaturmaßstab geworden, die uns auf den kommenden Seiten in verschiedenen Gestalten wiederbegegnen wird.

Zuerst werden wir uns noch einmal mit einem Ansatz aus der feministischen Ethik befassen, der zeigt, dass unsere Mobilitätsvoraussetzungen technisch wie ethisch verbesserungswürdig sind, da sie insbesondere die personale Würde von Frauen einschränken. Wir werden dann Grundfragen der digitalen Ethik behandeln, die um das Problem der Handlungsautonomie kreisen. In diesem Zuge stoßen wir auf die Idealnorm (bzw. regulative Idee) der Mündigkeit, die uns auf der weiteren Reise durch die Welt der (teil-) autonomen und digital vernetzten Systeme begleiten wird.

Man muss gar nicht so weit gehen und ein autonom agierendes Vehikel als ethisches oder rechtliches Problem identifizieren, wie es seit einigen Jahren üblich geworden ist. Schon Jahrzehnte vorher ist der Straßenverkehr zu einer Problemstellung von öffentlichem Belang geworden, der in mehrfacher Hinsicht Programmierungen unterworfen ist. Überall wo geordnete Verfahren ablaufen und technische Regeln einen Funktionsbereich strukturieren, stoßen Ingenieure auf die Notwendigkeit, ethische Entscheidungen treffen zu müssen, wie das folgende Beispiel zeigt:

„Der Straßenbauingenieur, der eine Kurve zeichnet, designt Unfälle. Er bestimmt, und könnte es auch nach einer Wahrscheinlichkeitstabelle berechnen, wieviele alte Damen oder Kinder an dieser oder jener Stelle überfahren werden, denn man weiß, welcher Straßentyp wenige, aber schwere und welcher leichte, aber häufige Unfälle hervorbringt. Was man noch nicht weiß, ist, welches von beiden das Bessere ist.“ [166]

Doch das Nachdenken über eine sogenannte akzeptable Risikoverteilung allein ist in ethischer Hinsicht nicht zufriedenstellend. Die Akteure machen leicht den Fehler, Risiken gegen Nutzen zu verrechnen, wobei gegen so ein Vorgehen spricht, dass wir zwar einerseits in einer Welt leben, in der oft unwidersprochen mit Opfern von Systemen gerechnet wird, also ein gewisses Ausmaß an Schädigung, bis hin zur Tötung von Menschen, immer schon einkalkuliert wird. Andererseits ist festzuhalten, dass ein derartiges Handlungs- und Entscheidungskalkül, das vorrangig durch Nutzenerwägungen strukturiert wird, Gefahr läuft, das Instrumentalisierungsverbot zu verletzen.

Das Instrumentalisierungsverbot geht auf Kant zurück und besagt, dass jeder Mensch einen „rechtmäßigen Anspruch auf Achtung von seinen Nebenmenschen“ verdient und diese Achtung auch anderen gegenüber aufbringen soll, da letztlich der gesamten Menschheit Würde zukomme: „Denn der Mensch kann von keinem Menschen (weder von anderen noch so gar von sich selbst) bloß als Mittel, sondern muss jederzeit zugleich als Zweck gebraucht werden, und darin besteht eben seine Würde [...].“ [167]

Das Gebot, die Würde jeder Person unter Absehung ihrer Klasse, ihres Geschlechts oder Ethnie gleichermaßen zu achten, wird nicht immer in wünschenswertem Maße berücksichtigt. Gerade im Ingenieurswesen stößt man allenthalben auf die moralphilosophisch problematische instrumentelle Vernunft [x] [168]. So werden im Fahrzeugbau immer wieder technische Risiken so lange wie möglich unterschlagen, bis die Zahl der Unfälle und der Opfer nicht mehr zu übersehen ist. Wie der berühmte Fall um das Ford-Modell „Pinto“ in den 1970er-Jahren zeigte, verrechnete

x
Instrumentelle Vernunft
Max Horkheimer bezeichnet damit die Zweck-Mittel-Rationalität, die sich vor allem in der Vorherrschaft der technischen Rationalität bekundet und die in ihrer Gleichgültigkeit gegenüber außertechnischen Zwecken zivilisatorische Gefahren birgt.

der Ford-Konzern Schadensfälle und Opferzahlen mit den Verlusten, die durch Rückrufaktionen und Anwaltskosten entstanden sind. Papanek berichtet vom Jahrgang 1977, wo mehr Fahrzeuge wieder zurückgerufen als verkauft wurden.[169] Dies alles – rechtliche Fragen, Versicherungsmathematik etc. – gehört zum modernen Unfalldesign. Rechnungen türmen sich auf Opferzahlen, die gemeinsam mit Börsen- und Unternehmensgewinnen ein zynisches Mischkalkül ergeben können – eine Thematik, die im Übrigen im Hollywood-Movie *Fight Club* (1999) behandelt wird. Die Würde des Menschen verbietet es jedoch, Personen einen Preis aufzukleben.

Aus Sicht einer feministischen Ethik gibt es im Fahrzeugdesign eine evidente Missachtung der vitalen Bedürfnisse und der personalen Würde von Frauen zu beklagen. Wenn Menschenrechte die Frauenrechte miteinschließen, dann sollte es zum emanzipatorischen Selbstverständnis von Designerinnen und Designern und einem dazugehörigen Hippokratischen Eid gehören, nicht unterhalb des Anspruchsniveaus zu operieren, das durch eine feministische Kritik bereits formuliert worden ist. Aus feministischer Sicht ergibt es Sinn, des Deutschen liebstes Fetischobjekt – das Auto – dem „Patriachat der Dinge“ zuzuschlagen. Warum?[170]

Es müsste eigentlich jedem Produktdesigner bewusst sein, dass er mit seinen Artefakten Tatsachen schafft, die ihrerseits bestimmte Werthaltungen manifestieren. Im englischsprachigen Diskurs nennt man dies „Values in Design“. Damit wird der Umstand bezeichnet, dass „Designer im Gestaltungsprozess notwendigerweise soziale und moralische Werte in ihre Produkte importieren.“[171] Dieser Import von Werten muss nicht einmal bewusst oder absichtsvoll geschehen, wie das folgende Beispiel lehrt.

In ihrem Buch *Unsichtbare Frauen* hat Carolin Criado-Perez eine Beobachtung gemacht, die von großer Bedeutung für den Gestaltungsprozess im Industriedesign ist. Mit Blick auf das Design von Pkws diagnostiziert sie einen Mangel an Gespür für das Bedürfnis nach Unversehrtheit von Frauen. Dies gilt insbesondere für die Zumutungen, denen sich schwangere Personen als Fahrende und Mitfahrende ausgesetzt sehen. Ein Hauptgrund ist der Umstand, dass im

Bereich des Automobilbaus vornehmlich männlich zusammengesetzte Designteams dominieren. Um an dieser Stelle noch einmal Raymond Loewy das Wort zu verleihen: „Der menschliche Körper bestimmt Umriß, Gewicht und Temperatur aller Dinge, die vom Menschen benutzt werden." [172] Bei der Gestaltung des Innenraums, der Bestimmung von Sitzpositionen und dem Einbau von Airbags legen die Industrie- und Produktdesigner seit Langem fast ausschließlich ihre eigenen, nämlich männlichen Norm- und Standardmaße zugrunde. Auch wenn dies nicht unbedingt beabsichtigt sein muss, kann dieser einseitige Normierungsvorgang für Frauen einen tödlichen Ausgang haben. Denn die Sitzpositionen auf der Fahrerseite sind zwar gut geeignet für den Durchschnittsmann, wohingegen eine Frau bei einem Zusammenstoß mit um „47 Prozent höherer Wahrscheinlichkeit als ein Mann schwer verletzt" wird; die „Wahrscheinlichkeit, dass sie stirbt, ist um 17 Prozent höher".[173]

Die Konstruktionsbedingungen und die Ergonomie im Fahrzeugbau lassen die Besonderheiten des weiblichen Körperbaus (Gewicht, Größe, Knochendichte etc.) bisher weitgehend außer Acht. Auch der Umstand, dass Schwangere besondere Sicherheitsbedürfnisse aufweisen, findet im Pkw-Bau kaum Berücksichtigung. Wie die schwedische Ingenieurin Astrid Linder bekundet, sind die Crashtest-Dummys selten nach weiblichem Maß konstruiert. Die Crashtests werden mit Dummys ausgeführt, die keine Brüste und auch keine Merkmale einer Schwangerschaft aufweisen. Entsprechend schlecht ist die Datengrundlage, die vorhanden sein müsste, um durch einen intelligenten Mix aus Produkt- und Informationsdesign Wege aus einer Situation zu bahnen, die alles andere als gendergerecht ist. Man spricht in diesem Kontext auch von einer Gender-Data-Gap [x]. Vordergründig geht es also um eine technische Normierung. Ein technisch solides Design sollte die „uneingeschränkte und zielgerichtete Nützlichkeit praktischer Funktionen"[174] gewährleisten.

Es ist aber auch eine Frage der Geschlechtergerechtigkeit, die Gender-Data-Gap zu beheben: Ist das Problem als solches einmal erkannt, dass wir in einer „Welt auf männlicher Datenbasis" [175] leben, besteht eine ethische Verpflichtung, die Lücke zu schließen.

x
Gender-Data-Gap
Die Gender-Datenlücke beschreibt den Umstand, dass bei wissenschaftlichen Erhebungen meist nur männlich kodierte Daten erfasst werden, was zu einem starken Datenungleichgewicht, z.B. in medizinischen Studien und soziologischen Statistiken, führt.

x
Schädigungsverbot
Eines der ältesten religiösen Prinzipien ist das Ahimsa-Gebot des Nichtverletzens und Nichttötens. Dieses Schädigungsverbot wurde von Arthur Schopenhauer aus dem Buddhismus in den Kanon der europäischen Philosophie überführt.

Damit würde ein im Grunde sehr alter und universeller moralphilosophischer Grundsatz – „Schade niemandem" **x** – in diesem Handlungsfeld endlich berücksichtigt. Im Übrigen wäre es durchaus für viele Automobilfirmen eine vielversprechende Chance, ihr Marktangebot entsprechend anzupassen.

Die Frage, wie Pkws gebaut sein müssen, um Frauen wie Männer gleichermaßen zu schützen, ist jedoch keine ethische Frage mehr, sondern eine designerische. Die Folge aus diesen Überlegungen sind also im Optimalfall ingenieursmäßige Verbesserungen, die aus ethischen Erwägungen gerechtfertigt sind. Der gleiche Anspruch aller Geschlechter auf körperliche Unversehrtheit stellt einen unverrechenbaren Wert dar, der sich im Rahmen bloßer Kosten-Nutzen-Erwägungen nicht einholen lässt. Wer für gleiche moralische Ansprüche aller menschlichen Individuen argumentiert, bringt ein deontologisches Prinzip und mit der Gleichheit einen Wert ins Spiel, der sich nicht wie ein bloßer Nutzen gegen etwaige Kosten abwägen lässt. Die daraus erwachsenden Sorgfaltspflichten muss man in der Praxis in konkret prüfbare Sicherheitsstandards wie TÜV und DIN-Maßnahmen übersetzen, die im technischen Handeln für die „Gesundheit" (körperliches wie psychisches Wohlbefinden) und „Beteiligungschancen" sorgen.[176]

Die vorhandenen technikethisch relevanten Richtlinien bewegen sich zumeist im Umfeld des konsequentialistischen Ethikansatzes, d.h., es wird auf die Folgen von technischem Handeln reflektiert. Ein feministisch wie auch deontologisch inspirierter Ansatz innerhalb der Technikethik wäre ein zusätzlicher Gewinn für ein intelligentes Design. Es wäre sicherlich kein Schaden, wenn die für Innovation zuständigen Entwicklungsabteilungen in den Unternehmen der real existierenden Diversität von Menschen stärker Rechnung tragen würden.

Neben der Erfüllung einer ethischen Norm, nämlich der Pflicht, gegenüber Kundenbedürfnissen aufgeschlossen zu sein und deren Wohl zu fördern, könnte der Mehrwert in einer erhöhten Attraktivität von Produkten liegen, die verbessert würden, indem durch eine stärkere Diversifikation in den Bereichen des Produkt- und Interiordesigns den Bedürfnissen von Fahrerinnen entgegengekommen würde; zumal dies dem allgemeinen Trend zur Personalisierung des Designs – bis hin zur Losgröße 1 ˣ entspräche.

x
Losgröße 1
Hiermit wird in der industriellen Produktion die Fähigkeit bezeichnet, eine individuell auf eine Nutzerin oder einen Nutzer angepasste Sonderanfertigung zu fabrizieren.

Noch besser wäre es, wenn die künftigen Fahrzeugbesitzer stärker als bisher in den Designprozess eingebunden werden könnten. Damit wäre dem Ideal der Inklusion und der Partizipation voll Genüge getan: Kants Idee der Selbstgesetzgebung hätte ihre Entsprechung in einem „inklusiven Design", genauer gesagt in einem „Design durch Inklusion", bei dem es „um *Teilhabe am Gestaltungsprozess* (zum Beispiel in Form von Participatory Design oder partizipativer Forschung)" geht.[177] Denn je nach Situation oder Handlungskontext sind wir alle, um es mit Papanek zu sagen, eingeschränkt handlungsfähig („We are *all* handicapped"[178]).

In (design-)anthropologischer Sicht sind wir als Menschen von Natur aus sogenannte Mängelwesen ˣ, die sich durch technische Einrichtungen aller Art eine bessere Stellung in der Evolution verschafft haben. Nur gewinnen immer mehr Technikphilosophen seit Mitte des 20. Jahrhunderts den Eindruck, dass die Behebung anthropogener Mängel durch Technik unweigerlich in eine Eskalationsspirale mündet. Längst haben Menschen den gesamten zu ihrer Verfügung stehenden Maschinenpark nicht mehr unter Kontrolle. Die widersprüchliche Antwort auf die ambivalente Rolle der Technik im Rahmen des Zivilisationsprozesses lautet: Erhöhung der Kontrolle durch technische Durchdringung der Lebenswelt, was im 21. Jahrhundert in Form der vertieften Kontrolle durch Algorithmisierung aller Lebens- und Arbeitszusammenhänge vollzogen wird. Technische Systeme sind ambivalent, weil sie sowohl mit Entlastungen als auch mit Entmündigung einhergehen können.

x
Mängelwesen
Die Philosophische Anthropologie spricht vom Mängelwesen Mensch, um damit dessen Endlichkeit, Fragilität und Anfechtbarkeit wie auch seine Weltoffenheit und Unfertigkeit zu erfassen, die er durch Technik (Arnold Gehlen) und mittels Kultur (Helmuth Plessner) auszugleichen sucht.

Eine Ethik der digitalen Mündigkeit, wie wir sie daher vorschlagen, nimmt sich dieser Ambivalenz an, die sich besonders dramatisch im Bereich des Gesundheitswesens und in der Fragmentierung, wenn nicht gar Zerstörung des privaten Raums wie des öffentlichen Lebens abzeichnet. Wir nehmen dabei Überlegungen aus der digitalen Ethik in Anspruch. Das erklärte Ziel der digitalen Ethik ist es, „den

Menschen zu einem reflexionsfähigen Gestalter seiner Welt zu befähigen, der begründbare Haltungen entwickelt und sich auf dieser Basis verantwortlich in der Digitalität verhält".[179]

Dieses Ziel ist zugleich eine Problemstellung, die von der menschlichen Befähigung lebt, sich verantwortungsbewusst und handlungskompetent sowohl durch die soziale Lebenswelt wie auch durch neue virtuelle Metaversen x zu bewegen. Eine derartige Problemstellung weist vielleicht nicht zufällig eine gewisse Ähnlichkeit mit der von Donald A. Schön stammenden Definition des Designers als einem „reflective practitioner"[180] auf. Schön hat als Unternehmensberater, Stadtplaner, politischer Analyst und Hochschullehrer immer wieder die Frage gestellt, wie sich akademisches Wissen und konkrete Handlungsvermögen zueinander verhalten und ineinander übersetzt werden können. Bei diesen Untersuchungen stieß er auf die Berufsgruppe der Designerinnen und Designer, die seines Erachtens einer besonders reflektierten Praxis der Gestaltung von Artefakten, Kommunikation und Prozessen innerhalb der Gesellschaft nachgehen, die er als „Reflection-in-Action" bezeichnete. Womöglich ist es diese Kompetenz, die uns in Zukunft stärker begleiten wird. Eine in der Handlung selbst sich entwickelnde Kompetenz zum Vorstellen und Urteilen, die sich just an der Spitze der soziotechnischen Entwicklung herausbildet: dort also, wo die avancierten Technologien zu kreativen Disruptionen führen und moderne Gesellschaften erschüttern.

x
Metaverse
Der Ausdruck stammt aus dem Sci-Fi-Roman *Snow Crash* (1992) des Autors Neal Stephenson und ist für virtuelle Welten gebräuchlich, in denen man seine eigene fiktionale Figur entwerfen und mit Avataren anderer Personen interagieren kann.

Wenn sich dominante Medienentwicklungen zu schnell zutragen, entsteht ein gewisser Zweifel, ob wirklich alle Menschen bei dieser Entwicklung mithalten können. In intergenerationeller Hinsicht entsteht das soziale Problem des „digital divide" x [181]. Vor dem Hintergrund der Entwicklung in der Digitalität ist die Frage berechtigt, ob uns der Umgang mit digitaler Technologie wirklich mündiger macht oder ob nicht zugleich eine reelle Gefahr der Entmündigung besteht.

x
Digitale Spaltung
Bezeichnet das Phänomen, dass verschiedene Statusgruppen in unterschiedlichem Maße Zugang zum World Wide Web haben oder kompetent mit Computern umgehen können und deshalb unterschiedliche Teilhabe- und Aufstiegschancen besitzen.

Bekanntlich sind KI bzw. Machine-Learning ˣ-Programme an personalen Merkmalen wie Größe, Alter, Geschlecht etc. interessiert. Das Monitoring und Profiling von Menschen im öffentlichen Raum – und dort oft genug im Kontext des Massentransports – dient der Automatisierung von Entscheidungen. Aufgrund eines bestimmten Erscheinungsbilds soll darauf geschlossen werden können, ob von einer Person entweder eine Gefahr ausgeht oder ob sie als Kundin oder Kunde von Interesse ist. Je nachdem wird zum Beispiel einer Flugreisenden auf dem Weg zum Gate die zu ihr passende Produktwerbung auf Infoscreens angezeigt. Auf der Basis von Big-Data-Analysen ist es möglich, am Gate exakt auf die Person zugeschnittene Daten anzuzeigen – das ist der kommerzielle Aspekt.

x
Machine Learning
Ein statistisches Verfahren zum Errechnen von Wahrscheinlichkeiten, das von komplexen Algorithmen durchgeführt und meist mit Evaluierungsvorgängen in Verbindung gebracht wird.

Die Transperson Sasha Costanza-Chock machte dagegen in den USA mehrfach die Erfahrung, wie mit technischen Artefakten politische Macht ausgeübt wird. So wird sie fast immer peinlichen Kontrollen unterzogen, da die Scanning-Technologie an der Erfassung ihres nicht der statistischen Norm entsprechenden Körpers regelmäßig scheitert. Mit Blick auf die Sicherheitsscanner an internationalen Flug-häfen kann man sagen, dass der technischen Gerätschaft ein Design zugrunde liegt, das „cis-normative and binary-gender normative“ [182] agiert.

Dieser Fall gemahnt uns daran, dass das Wort Design „in einem Kontext“ steht, „der mit List und Hinterlist zu tun hat“, und dass der Designer ein „hinterlistiger, Fallen stellender Verschwörer“ sein kann.[183] Dies mag zumindest dann passieren, wenn man sich im Rahmen von KI-bewehrter Sicherheitstechnologie für eine Politik einsetzt, die zur Diskriminierung ganzer Bevölkerungsgruppen wie etwa „QTI/GNC [queer, trans*, intersex, and gender-non-conforming], Black, Indigenous, people of color (PoC), Muslim, Sikh, Immigrant, and/or Disabled“ [184] führen kann. Dabei handelt es sich um Personengruppen, die nicht dem kulturell oder politisch erwünschten Leitbild bzw. nicht dem sozial gebotenen Erscheinungsbild entsprechen, das IT-Spezialisten in die Recognition Software zur Gesichts- oder Körperschema-Erkennung programmiert haben. Der Prozess der

Erfassung ist problematisch, da hier Entscheidungen automatisiert werden, die man als reflektierte Praktikerin oder reflektierter Praktiker besser sorgfältig untersuchen sollte.

Automatisierte Entscheidungsprozesse sind deshalb nicht harmlos, weil sie sich der äußeren Kontrolle durch Menschen fast vollständig entziehen. Sie sind in einer Black Box eingeschrieben. Die zeitgenössischen digitalen Gerätschaften sind meist elegant gestaltet und erlauben eine reibungslose Nutzung. Entweder reagiert der Apparat auf Spracheingabe oder besticht durch ein intuitiv funktionierendes Interface-Design. Je einfacher und reibungsloser der Umgang mit dem Interactive Device ist, umso mehr entsteht der Eindruck einer vertrauenswürdigen Technologie. Manche Soziologen feiern diese intuitiv zugängliche Funktionsfähigkeit als Faktor des „Designvertrauens", dem eine systemstabilisierende Leistung und eine gleichsam religiöse Funktion zugesprochen wird.[185]

Dabei wäre es interessant für eine Ethik im Geiste der Mündigkeit, diese quasireligiöse Rolle des Designs zu kritisieren und in die Black Box blicken zu können. Design sollte auch hier nicht um der „simplicity" (John Maeda) willen so tun, als ob die schöne neue Datenwelt eine traumhafte Sphäre der Intuition wäre. Wäre dem so, handelte es sich um eine List im Sinne einer gezielten Infantilisierung von Nutzerinnen und Nutzern. Gerade die Darbietung der scheinbar perfekten Form unterdrückt den Gedanken an das „Innenleben" und damit die Funktionslogik des Apparats. Form und intuitives Design lenken ab von den immanenten Werten des Computers. Wie Batya Friedman in *Human Values and the Design of Computer Technology* für die Vertreter der Informatik festhielt: Die ethische Relevanz „eines wertegesteuerten Designprozesses"[186] wächst. Und sie weitet sich mit jedem Tag aus, an dem die Informations- und Kommunikationstechnologien (IKTs) qua Digitalisierung in die Arbeits- und Gefühlswelt der Menschen vordringen.

Selbst traditionell akademische Berufe wie der Anwalt, die Lehrerin, die Ärztin und die Psychiaterin sehen sich einer neuen Konkurrenz durch KI-gestützte Assistenzsysteme ausgesetzt. Es gibt Lebensbereiche, wo man zögern sollte, alles gutzuheißen und zu adaptieren, was als digitale Innovation den Markt betritt. Zu denken ist an die Grundpfeiler unseres Zusammenlebens, unsere elementaren Beziehungen (Familie, Freundschaft, Designer – Kunde, Politiker – Wähler, Arzt – Patient). Die Gefahr, dass technologische Superstrukturen ein Weniger an Autonomie und ein Mehr an Fremdbestimmung bewirken, ist im Zeitalter mehr oder minder diskreter Massenüberwachung nicht von der Hand zu weisen.

Ein paradigmatischer und ethisch nahezu unerträglicher Fall ist das Social-Credit-System ˣ in der Volksrepublik China. Auf der Basis von Gesichtserkennung und Big-Data-Analytics werden moralische, soziale und politische Erwartungen direkt in die Verhaltensmuster der Angehörigen der Volksrepublik kopiert. Ein derartiges System des Datensammelns und -auswertens steht in denkbar schärfstem Kontrast zu den Idealen der europäischen Aufklärung. In dieser Tradition verbindet sich die Überzeugung von der unbedingten Freiheit des Individuums mit der grundsätzlichen Solidarität unter den Mitgliedern des Menschengeschlechts. Ein Kernideal der Aufklärung, nach dem es sich zu streben lohnt, ist demnach das Ideal der „Mündigkeit", die ihr negatives Gegenbild in der „Hörigkeit" als der Unterwerfung unter den Willen eines anderen findet.

x
Social-Credit-System
Per Massenüberwachung generiert man in China einen Social Score, der das Alltagsverhalten einer Einzelperson bewertet. Durch gezieltes Belohnen und Bestrafen wird den Bürgerinnen und Bürgern ein wünschenswertes Sozialverhalten verordnet.

Ein lehrreiches Exempel für das Verhältnis Mündigkeit vs. Hörigkeit ist die von Joseph Weizenbaum ˣ entwickelte KI namens ELIZA. ELIZA war das erste interaktionsfähige Programm, mit dem man an einem Terminal über ein Texteingabefeld in Schriftsprache kommunizieren konnte.[187] Die Versuchsanordnung war so angelegt, dass die KI über die charakteristischen Merkmale eines Psychiaters verfügte, etwa die Fähigkeit nachahmen konnte, sich nach dem Befinden einer Person zu erkundigen. Eine begrenzte Anzahl von Features, über die das Programm gebot, haben in diesem Experiment genügt, um bei einer Vielzahl von Nutzerinnen und Nutzern Begeisterung auszulösen. Darunter befanden sich sogar echte Psychiater, die sich für einen Einsatz des Systems in der therapeutischen Anwendung aussprachen. Sie hatten schon damals die Kostenersparnisse für Personal durch die Teilautomatisierung des Arzt-Patienten-Verhältnisses im Blick.

x
Joseph Weizenbaum
1923–2008
Deutsch-US-amerikanischer Computerwissenschaftler, KI-Forscher der ersten Stunde und scharfer Kritiker der gesellschaftlichen Folgen der Informatik, der mit dem Programm ELIZA eine erste Vorstufe zur Chatbot-Technologie entwickelte.

Erschütternd war für den jungen KI-Forscher Weizenbaum der Umstand mitzubekommen, wie sich seine Sekretärin des Nachts in das Labor einschloss, um sich mit dem „Doctor"-System über die intimsten Belange ihres Lebens auszutauschen.[188] Weizenbaums Erschütterung ist für einen Digital Native von heute wahrscheinlich nicht mehr recht nachvollziehbar. Im 21. Jahrhundert sind es Individuen gewohnt, sich bei allen möglichen Fragen der Lebensbewältigung einer KI-gestützten App anzuvertrauen.

x
Kommodifizierung
Hierunter versteht man die Verwandlung von natürlichen und immateriellen Ressourcen wie Ideen und Emotionen in Waren. In der Marktwirtschaft sind die meisten Personen gezwungen, sich selbst als Arbeitskraft zu verdingen.

Das Fortschreiten von Digitalität führt zu einer allgegenwärtigen Kommodifizierung [x] des Lebens. Die Schwelle des ethisch Tolerierbaren wird überschritten, wenn die unmittelbarsten Belange des Lebens der Warenförmigkeit unterworfen werden. Dazu zählen zum Beispiel Fragen der Integrität der Person, wie sie im Feld der medizinischen und psychischen Gesundheit bzw. Gesundheitsvorsorge verhandelt werden. Just in diesem Sektor hat sich unter anderem die Medienrevolution vorbereitet, die wir heute miterleben. Medizintechnische Innovation ist oft das Trojanische Pferd, das man gern in die Stadt holt und leider immer erst zu spät öffnet.

Ein besonders heikler Fall von Warenförmigkeit, der eine Ethik der Mündigkeit zur kritischen Reflexion herausfordert, sind die großen „algorithmengesteuerten Plattformen"[189] wie Facebook, Twitter, Instagram, YouTube etc. Nicht nur dass sie sich in rapidem Tempo den weltweiten Informationsmarkt einverleiben, sie sind auch mit verantwortlich für die Ausbreitung von Desinformation und Fake News. Während die traditionellen Informationsanbieter wie Presse und TV auf den Wahrheitsgehalt ihres Angebots verpflichtet sind, können die neuen Giganten aufgrund ihrer Rolle als Technologieanbieter viele medienrechtliche Gesetze unterlaufen. Sie weichen die über Generationen entwickelten Regeln des Aufbaus einer Öffentlichkeit auf, die gemeinsame Deliberation und gelingende Intersubjektivität ermöglicht. An deren Stelle tritt eine Welt aus Fake News und alternativen Fakten. Falls Fake News, so Jürgen Habermas, „nicht mehr als solche identifiziert, also von wahren Informationen unterschieden werden könnten, würde kein Kind aufwachsen können, ohne klinische Symptome zu entwickeln."[190] – Umso wichtiger wird die ethische Orientierung in einer Welt, die aus den Fugen geraten ist.

Technik ist nicht auf die Gegebenheit von Werkzeugen und Maschinen zu reduzieren. Schon Marx hat in *Das Kapital* erkannt, dass Technik im Wesentlichen soziale Beziehungen herstellt und zum Beispiel in Gestalt einer Fabrik eine immense ökonomische Kraft darstellt. Heutzutage wirkt diese Kraft eben nicht nur auf die von Marx beschriebenen Arbeiter, sondern auf jedermann an nahezu jedem Ort der Welt. Technik ist einerseits ein potenzielles Mittel zur Befreiung des Menschen von der Mühsal der Arbeit. Andererseits entstehen im Zusammenspiel mit den neuen technischen Medien eben nicht nur emanzipatorische Effekte, sondern auch soziotechnische Strukturen, von denen Menschen abhängig werden.

Wenn die Technik nicht länger Mittel zum Zweck ist, sondern zum Selbstzweck wird, dann untergräbt sie die Autonomie der Handelnden und damit auch den „Grund der Würde der menschlichen und jeder vernünftigen Natur."[191] Dann ist sie auch nicht von ertüchtigendem oder befähigendem Charakter, sondern führt bei den Nutzern zu einem als „de-skilling" bezeichneten Prozess. Diesen Vorgang kann man auch als Verlust von Handlungsautonomie und Mündigkeit von Individuen wie Kollektiven beschreiben. Und darum sollte es einer Digitalen Ethik in einem progressiven Sinn gehen: Sie sollte den Ausstieg des Menschen aus seiner selbst verschuldeten Bequemlichkeit und Anhänglichkeit an die Rechnerallgegenwart befördern. Wenn Technik dazu führt, dass Menschen ohne ihre digitalen Gadgets weitgehend zur Handlungsunfähigkeit verurteilt wären („Ohne mein Handy bin ich aufgeschmissen"), dann ist das der sichere Beweis dafür, dass eine ungute Form der Abhängigkeit entstanden ist. Allein schon aus diesem Grund ist die These von der Wertneutralität der Technik falsch.

Wer jetzt noch bereit ist, sogenannte „Zukunftsverantwortung" zu übernehmen, und an der „Autonomie" des Einzelnen in einem ethisch gehaltvollen Sinn festhält, der sollte sich ernsthaft mit der „Zumutbarkeit von Risiken" befassen.[192] Und damit wären wir, wie eingangs erwähnt, endlich beim Thema „Autonomes Fahren" angekommen. Wir können uns natürlich auf teilautonome und robotische Systeme verlassen, innerhalb deren sich ein Vehikel selbstständig bewegt. Wir könnten eventuell von einem reibungsloseren Verkehr – zumindest auf Autobahnen und Highways – profitieren. Aber auf längere Sicht enthebt uns diese Technologie nicht der Aufgabe, uns als Menschen in einer Welt selbst zu orientieren. Findet die Orientierung nur noch über Displays und Interfaces statt, ohne dass wir wirklich selbsttätig hantieren und uns selbstbewusst orientieren, werden wir uns als Gattungswesen wohl rasch auf eine Weise verändern, die uns nicht nur das Glück der Herren beschert, die ihre digitalen Diener herumkommandieren.

Wie man aus Hegels Überlegungen aus dem Kapitel über das Wesen von „Herrschaft und Knechtschaft"[193] ableiten kann, ist es wohl so, dass der Mensch meint, als Herr über seine Instrumente aufzutreten. Doch er verkennt, dass er in Wahrheit beständig an Fähigkeiten einbüßt, selbst als autonomes Individuum zu handeln. Zeitgemäßer ausgedrückt: Es handelt sich um einen schleichenden Handlungskompetenzverlust oder um Einbußen an agency, die der Preis dafür sind, dass wir uns von einer Vielzahl sogenannter Assistenzsysteme (Apps aller Art) unterstützen lassen. Es ist eine ethische Aufgabe von reflexiven Praktikerinnen und Designern, diese Herausforderungen zu erkennen und für ein „gesellschaftliches Wohlbefinden" zu sorgen, bei dem nicht die „Privatsphäre" geopfert werden muss.[194]

Die Angewandte Ethik liefert keine letztinstanzlichen Handlungsempfehlungen und kann auch keine abschließenden Lösungen anbieten. Sie kann aber praxisnahe Argumente und Heuristiken formulieren. Deshalb ist eine Ethik-Checkliste dann brauchbar, wenn sie gut ausgearbeitete Fragen anbieten kann, mit denen Designerinnen und Designer ihre Handlungen und Entscheidungen selbstständig ethisch reflektieren können.

Die Grundfrage aller Ethik ist, wie wir leben *sollen*. Moderne Gestalter fragen sich, wie wir leben *wollen*. Der Ehrlichkeit halber muss man sagen, dass es sich jeweils um ein anderes „Wir" handelt. Von den Verwöhnungen modernen Designs profitieren weiterhin „the happy few" der Weltbevölkerung, wohingegen die Philosophie mit ihrer Frage wirklich alle, also die gesamte Menschheit einbezieht. Das Erkenntnisbestreben philosophischen Fragens zielt auf möglichst allgemeingültige Antworten. Und insbesondere die Moralphilosophie in ihrer kantianischen Version hat sich die Verallgemeinerungsfähigkeit von gehaltvollen Aussagen zum Ziel und Prüfstein ihrer Reflexionsarbeit gesetzt. Zugleich muss man sich aber auch davor hüten, bei verallgemeinerungsfähigen Aussagen stehen zu bleiben. Mag der kategorische Imperativ Kants auch eine gute Richtschnur sein, er enthebt uns nicht der Aufgabe der eigenständigen Reflexion.

Am Beispiel von Aldo Leopolds „Land-Ethik" kann man zeigen, dass es bei allem Erkennen auch immer um ein echtes Vertrautsein mit den Gegenständen der Behandlung geht. Falls es uns ein aufrichtiges Anliegen ist, in den Pflanzen und Tieren und dem Boden integrale Bestandteile einer Lebensgemeinschaft zu sehen, dann ist es auch wichtig, entsprechende Erfahrungen zu haben oder sie zu sammeln. Um es in Leopolds eigenen Worten zu sagen: Eine „ethische Beziehung zum Land ohne Liebe, Rücksicht, Bewunderung und Hochachtung für seinen Wert"[195] kann es gar nicht geben. Darum müsste wohl ein ethisch interessierter Social Designer oder eine Transformationsdesignerin, die sich für Umweltethik stark machen möchte, ein ökologisches Verständnis für die Beziehungen einer Vielzahl von Lebewesen zu seinen oder ihren jeweiligen Umwelten entwickeln.

Es geht also vielmehr um den allmählichen Aufbau tragfähiger Einstellungen und weniger um eilfertige Positionierungen, die oft genug bloß das Produkt gesellschaftlicher Moral-Moden sind. Wichtiger ist es, ein sicheres Gespür dafür zu entwickeln, worin ethische Könnerschaft besteht und was zum Beispiel eine ethisch richtige Handlung ist. Für Leopold definiert sich dies wie folgt: „Eine Handlung ist richtig, wenn sie dazu beiträgt, die Integrität,

Stabilität und Schönheit der Natur zu erhalten. Sie ist falsch, wenn sie das Gegenteil bewirkt.“ [196] Auch hier gilt, dass es eine Wertschätzung für Natur geben kann, wenn die Person eine umweltästhetische Ader entwickelt, durch die sowohl ein intellektueller als auch ein emotionaler Prozess in Gang kommt.

Die Ästhetik und die Ethik der Wertschätzung hängen auf das Engste zusammen, findet auch die Philosophin Corine Pelluchon [x]. In ihrer *Ethik der Wertschätzung* sind es vor allem die Gefühle, die uns einen vertieften Zugang zu unserer Existenz wie aber auch zur Existenz aller anderen Lebewesen eröffnen:

> „Das Gefühl der Zerbrechlichkeit, die Dankbarkeit, das Entzücken, die Todesfurcht, die Kälte, der Hunger, die Traurigkeit, die das Subjekt der Wertschätzung empfindet, binden es an eine Welt, die nicht das Objekt einer Herrschaft ist, sondern ein Feld, das ihm anvertraut wurde und für das es gerne sorgt, damit seine Früchte gut und schön zugleich sind.“ [197]

Es sind also nicht ausschließlich intellektuelle Gaben, wie etwa die Ansprechbarkeit für moralphilosophische Argumente oder wissenschaftsgestützte Einsichten, die uns in der Ethik beschäftigen. Mit gleichem Recht sind es emotionale Vermögen, wie etwa die Gabe, sich von realen Begebenheiten der Welt ansprechen und von Umweltbelangen berühren zu lassen. Ohne diese Ansprechbar- oder Adressierbarkeit wird es eine lebendige ethische Lebensführung nicht geben können. Sie muss zudem mehr sein als die mechanische Reproduktion moralischer Standards. Mir muss meine Umwelt schon zu einer Mitwelt werden, damit ich mich sinnvoll in ihr engagieren kann.

Das Schöne am Designberuf ist im Übrigen, dass es dabei um die Übung von Fertigkeiten und Fähigkeiten geht, die laut der US-amerikanischen Philosophin Martha C. Nussbaum wichtig sind für das gute Leben. Dazu zählt die Möglichkeit, „einer beruflichen Tätigkeit außer Haus nachzugehen und am politischen Leben teilzunehmen.“ [198]

x
Corine Pelluchon
***1967**
Französische Philosophin und Hochschullehrerin, die in ihren medizin-, bio- und umweltethischen Studien u.a. den Faktor Selbsttranszendierung behandelt, durch den wir ein Verständnis für die Rechte anderer Lebewesen erhalten können.

Des Weiteren ist es immer gut, spielerischen und Freude stiftenden Tätigkeiten nachzugehen, die es gestatten, Gegenstände kritisch zu hinterfragen und „Beziehungen zu Dingen und Menschen außerhalb unser selbst einzugehen" – und, was uns allen sehr wichtig sein dürfte:

> „Die Fähigkeit, seine Sinne und seine Phantasie zu gebrauchen, zu denken und zu urteilen – und diese Dinge in einer Art und Weise zu tun, die durch eine angemessene Erziehung geleitet ist, zu der auch (aber nicht nur) Lesen und Schreiben sowie mathematische Grundkenntnisse und eine wissenschaftliche Grundausbildung gehören. Die Fähigkeit, seine Phantasie und sein Denkvermögen zum Erleben und Hervorbringen von geistig bereichernden Werken und Ereignissen der eigenen Wahl auf den Gebieten der Religion, Literatur, Musik usw. einzusetzen. Der Schutz dieser Fähigkeit, so glaube ich, erfordert nicht nur die Bereitstellung von Bildungsmöglichkeiten, sondern auch gesetzliche Garantien für politische und künstlerische Meinungsfreiheit sowie für Religionsfreiheit."[199]

Womöglich gibt es für Menschen, die das Privileg genießen, ihre Fähigkeiten im Lauf ihres Lebens verwirklichen zu dürfen, eine besondere Verpflichtung daran mitzuwirken, dass andere Lebewesen ebenfalls in diesen Genuss geraten können. Zu einem guten Leben dürfte es auch gehören, das gelingende Leben anderer zu befördern: „Ethische Überlegungen beziehen immer die anderen mit ein."[200] Die gute Nachricht für Designerinnen und Designer ist, dass sie über Gaben verfügen, die wichtig sind, um andere Personen darin zu unterstützen, Gruppen und Gesellschaften Wege aufzuzeigen, wie konstruktive Umgangsformen mit den Herausforderungen des Alltags gefunden werden können.

Darum sollte man auch jede sogenannte Checkliste mit Bedacht und Achtsamkeit studieren und keine zu voreiligen Schlüsse daraus ziehen. Sicherlich gibt es Vorgaben, die man als Orientierungshilfe benutzen kann. So ergibt es durchaus Sinn, sich auf Viktor Papaneks „Zehn Fragen vor dem Einkaufen"[201] einzulassen und mit der Frage zu befassen, was unsere wahren Bedürfnisse – jenseits der unstillbaren Begehrnisse – sein könnten:

TEN QUESTIONS BEFORE BUYING

1. Do I really need it?
2. Can I buy it second-hand?
3. Can I buy it at discount?
4. Can I borrow it?
5. Can I rent it?
6. Can I lease it?
7. Can I share it?
8. Can we own it as a group?
9. Can I build it myself?
10. Can I buy a kit?

Man kann diese Fragen als Elemente einer Konsumethik interpretieren. Oder Designerinnen und Designer lassen sich auf Burckhardts Lehre vom kleinstmöglichen Eingriff ein und versuchen sich angesichts eines bereits existierenden Alltagsprodukts, eines neu zu gestaltenden Prozesses oder eines neu zu entwerfenden Systems mit folgenden Fragen zu befassen:

> „Ist es vielfach verwendbar? – Ist es langlebig? – In welchem Zustand wirft man es fort, und was wird dann daraus? – Läßt es den Benutzer von zentralen Versorgungen oder Services abhängig werden, oder kann es dezentralisiert gebraucht werden? – Privilegiert es den Nutzer, oder regt es zur Gemeinsamkeit an? – Ist es frei wählbar, oder zwingt es zu weiteren Käufen?“ [202]

Eine interessante Liste von Fragen, die sich auf die SDGs bezieht und alle Kreativschaffenden ansprechen möchte, ist im *Oslo Manifest* enthalten. Dort werden Fragen gestellt wie zum Beispiel:

> „/01 Wie kann dieses Design dazu beitragen, das Ziel, Armut in jeder Form und überall zu bekämpfen, zu erreichen?
> /02 Wie kann dieses Design dazu beitragen, dass dem Hunger ein Ende gesetzt und der Wandel zu einer nachhaltigen Landwirtschaft gefördert wird?
> /03 Wie kann dieses Design dazu beitragen, dass für alle Menschen jeden Alters Gesundheit und Wohlergehen gewährleistet ist?“ [203]

Doch damit Designerinnen und Designer die entsprechenden Beiträge leisten können, werden sie den entsprechenden Perspektivwechsel proben müssen und lernen, sich in andere Akteure einzufühlen. Es ist ungemein wichtig, immer wieder aufs Neue den Perspektivwechsel zu üben und auf ganz unterschiedliche Akteursgruppen und -felder anzuwenden. Ob wir als Einzelne dann wirklich ethischer und zukunftsfähiger werden, hängt von unserem ethischen Können ab. Hoffentlich üben wir uns darin, die richtigen Fragen zu stellen, und haben die Geduld mit uns und anderen, die richtigen Antworten zu finden. In jedem Fall lohnt es sich, die folgenden Fragen zu stellen:

- Bin ich bereit, für mich selbst Verantwortung zu übernehmen oder übertrage ich Verantwortung lieber auf andere Personen oder abstrakte Größen wie Gesellschaft oder Staat?
- Will ich meine Autonomie lieber an teilautonome Systeme abgeben und mich dadurch von bestehender Verantwortung entlasten?
- Will ich durch meine Tätigkeit die Lebensqualität anderer Menschen und Lebewesen verbessern?
- Will ich es unterlassen, andere Menschen zu täuschen?

Ich bin guter Dinge, dass sich immer mehr Designerinnen und Designer finden werden, die sich zu Gruppen zusammenschließen und sich überlegen, wie ihr möglicher Hippokratischer Eid aussehen könnte oder sollte. Denn es wachsen immer mehr Menschen heran, die es vermeiden wollen, schädliche Dinge zu tun oder zu unterstützen. Und die umgekehrt konkrete Dinge anfertigen wollen, die einen echten Sinn erkennen lassen. Es macht sich immer mehr Wachheit und Achtsamkeit in ethischen Belangen breit.

Wichtige Institutionen, Organisationen und Websites

Algorithmwatch
https://algorithmwatch.org/de

Center for Humane Technology (CHT / USA)
https://www.humanetech.com

Centre for Inclusive Design
https://centreforinclusivedesign.org.au

Deutscher Ethikrat
https://www.ethikrat.org

Deutsche Gesellschaft für Designtheorie und -forschung
https://www.dgtf.de

Deutscher Werkbund
https://www.deutscher-werkbund.de

Digital Balance Lab
https://www.digitalbalancelab.com

Ethikkodex der Deutschen Gesellschaft für Soziologie (DGS)
https://soziologie.de/dgs/ethik/ethik-kodex

Gesellschaft für Designgeschichte
https://gfdg.org

Industrial Designers Society of America (IDSA)
https://www.idsa.org

International Council of Design
https://www.theicod.org/en

International Gender Design Network
https://genderdesign.org

Forum InformatikerInnen für Frieden und gesellschaftliche Verantwortung e.V.
https://www.fiff.de

Netzwerk Medienethik
https://www.netzwerk-medienethik.de

Pressekodex des Deutschen Presserats
https://www.presserat.de/pressekodex.html

Project Sherpa – Shaping the Ethical Dimensions of Smart Information Systems. A European Perspective (EU)
https://www.project-sherpa.eu

Society for Women in Philosophy – Verein zur Förderung von Frauen in der Philosophie e.V.
https://swip-philosophinnen.org/about-swip-english

Literatur-empfehlungen

Theodor W. Adorno, **Minima Moralia, Reflexionen aus dem beschädigten Leben**, in: ders., **Gesammelte Schriften, Bd. 4**, Rolf Tiedemann (Hg.), Frankfurt / M. 1980.

Otl Aicher, **Die Küche zum Kochen. Werkstatt einer neuen Lebenskultur**, Staufen bei Freiburg 2005.

Günther Anders, **Die Antiquiertheit des Menschen, Bd. 1. Über die Seele im Zeitalter der zweiten industriellen Revolution**, München 1994.

Hannah Arendt, **Vita activa oder Vom tätigen Leben**, München / Zürich 2002.

Florian Arnold, **Philosophie für Designer**, Stuttgart 2016.

Christian Bauer, Gerhard Schweppenhäuser, Gertrud Nolte (Hg.), **Ethik und Moral in Kommunikation und Gestaltung**, Würzburg 2015.

Kurt Bayertz, **Warum überhaupt moralisch sein?**, München 2004.

Lucius Burckhardt, **Design = unsichtbar**, Hans Höger (Hg.), Stuttgart 1995.

Epiktet, **Handbüchlein der Moral**, Ditzingen 2019.

Heinz von Foerster, **KybernEthik**, Berlin 1993.

Vilém Flusser, **Die Geschichte des Teufels**, Göttingen 1993.

William K. Frankena, **Analytische Ethik. Eine Einführung**, übers. u. hg. v. Norbert Hoerster, München 1981, 3. Aufl.

Jonathan Franzen, **What If We Stopped Pretending**, https://jonathanfranzen.com/what-if-we-stopped-pretending/ [Zugriff am 12.08.2022].

Rüdiger Funiok, **Medienethik. Verantwortung in der Mediengesellschaft**, Stuttgart 2011.

Eveline Goodman-Thau, **Arche der Unschuld. Versuch einer Vernunftkritik (= Holocaust in Context, Bd. 1)**, Münster / Berlin / London 2009.

Detlef Horster, **Ethik**, Stuttgart 2009.

Otfried Höffe, **Einführung in die utilitaristische Ethik**, München 1975.

Eva Illouz, **Gefühle in Zeiten des Kapitalismus. Adorno-Vorlesungen 2004**, Frankfurt / M. 2007.

Nikolaus Knoepffler, **Angewandte Ethik. Ein systematischer Leitfaden**, Köln / Weimar / Wien 2010.

Philipp Lepenies, **Verbot und Verzicht. Politik aus dem Geiste des Unterlassens**, Berlin 2022.

Niklas Luhmann, **Paradigm Lost. Über die ethische Reflexion der Moral**, Frankfurt / M. 1990.

John Stuart Mill, **Der Utilitarismus**, übers., hg. u. mit einem Nachwort v. Dieter Birnbacher, Stuttgart 1985.

Oskar Negt, **Arbeit und menschliche Würde**, Göttingen 2001.

Friedrich Nietzsche, **Zur Genealogie der Moral. Eine Streitschrift**, in: ders., **Kritische Studienausgabe, Bd. 5**, hg. v. Giorgio Colli u. Mazzino Montinari, München 1999, S. 245–412.

Platon, **Apologie des Sokrates. Kriton**, übers., Anm. und Nachw. v. Manfred Fuhrmann, Stuttgart 1986.

John Rawls, **Eine Theorie der Gerechtigkeit**, Frankfurt / M. 1975.

Tomáš Sedláček, **Die Ökonomie von Gut und Böse**, München 2012.

Gerhard Schweppenhäuser, **Die Antinomie des Universalismus. Zum moralphilosophischen Diskurs der Moderne**, Würzburg 2005.

Adam Smith, **Theorie der ethischen Gefühle**, übers. und mit Einl., Anm. und Reg. hg. v. Walther Eckstein, Hamburg 2004.

Susan Sontag, **Das Leiden anderer betrachten**, München 2003.

Liv Strömquist, **I am every woman**, Berlin 2019.

Charles Taylor, **Das Unbehagen an der Moderne**, Frankfurt / M. 1995.

Max Weber, **Die protestantische Ethik und der Geist des Kapitalismus**, in: ders., **Gesammelte Aufsätze zur Religionssoziologie, Bd. 1**, Tübingen 1988, 9. Aufl.

Roger Willemsen, **Wer wir waren. Zukunftsrede**, Insa Wilke (Hg.), Frankfurt / M. 2016.

Susan R. Wolf, **Meaning in Life and Why It Matters**, Princeton 2010.

Endnoten

Ethische Grundfragen im Designkontext

1
Immanuel Kant, **Beantwortung der Frage: Was ist Aufklärung?**, in: ders., **Was ist Aufklärung? Ausgewählte kleine Schriften**, Horst D. Brandt (Hg.), Hamburg 1999, S. 20–27.

2
Vgl. Reinhold Schmücker / Thomas Dreier / Pavel Zaháradka, **Ethik des Kopierens (2015/2016)**; https://www.uni-bielefeld.de/(de)/ZiF/FG/2015 Copying/index.html?__xsl=/ZiF/template_zif_2017_print.xsl (Zugriff am 04.07.2022); vgl. Christian Klawitter, **Legal oder legitim**, in: **form. Design Magazine, Design and Ethics, Nr. 260**, Jul./Aug. 2015, S. 56–59.

3
Yves Vincent Grossmann, **Von der Berufung zum Beruf. Industriedesigner in Westdeutschland 1959–1990. Gestaltungsaufgaben zwischen Kreativität, Wirtschaft und Politik**, Bielefeld 2018, S. 25.

4
Vgl. Gerhard Schweppenhäuser / Christian Bauer, **Ethik im Kommunikationsdesign. Verständigung, Verantwortung und Orientierung als Kriterien visueller Gestaltung**, Würzburg 2017, S. 190 f.

5
Dieter Birnbacher, **Analytische Einführung in die Ethik**, Berlin / Boston 2013, 3. Aufl., S. 1.

6
Vgl. Judith Simon, **Values in Design**, in: Jessica Heesen (Hg.), **Handbuch Medien- und Informationsethik**, Stuttgart 2016, S. 357–364.

7
Aristoteles, **Nikomachische Ethik**, Stuttgart 1969, S. 302.

8
Dieter Birnbacher, **Verantwortung für künftige Generationen**, Stuttgart 1988, S. 16.

9
Immanuel Kant, **Kritik der praktischen Vernunft**, in: ders., **Werkausgabe, Bd. VII**, Wilhelm Weischedel (Hg.), Frankfurt / M. 1974, S. 300.

10
Hans Sachsse, **Technik und Verantwortung. Probleme der Ethik im technischen Zeitalter**, Freiburg / B. 1972, S. 144.

11
Judith Grieshaber, **Gute Gestaltung ist nicht männlich oder weiblich**, in: Gerda Breuer / Julia Meer (Hg.), **Women in Graphic Design. 1890–2012. Frauen und Grafikdesign**, Berlin 2012, 2. Aufl., S. 300–304, hier S. 302.

12
Martin Wallroth, **Moral ohne Reife. Ein Plädoyer für ein tugendethisches Moralverständnis**, Freiburg / München 2000, S. 23.

13
Angelika Krebs, **Naturethik im Überblick**, in: dies. (Hg.), **Naturethik. Grundtexte der gegenwärtigen tier- und ökoethischen Diskussion**, Frankfurt / M. 1997, S. 339.

14
Thomas Friedrich, **Die Transformation des Designs durch sachfremde Kriterien**, in: Daniel Martin Feige / Florian Arnold / Markus Rautzenberg (Hg.), **Philosophie des Designs**, Bielefeld 2020, S. 342–360, hier S. 348.

15
Wallroth (Anm. 12), S. 23.

16
Vgl. Christian Bauer, **Der kommunizierende Mensch als politischer Mensch? Zu einer Ethik der Kommunikation**, in: Ursula Bitzegeio / Jürgen Mittag / Lars Winterberg (Hg.), **Der politische Mensch. Akteure gesellschaftlicher Partizipation im Übergang zum 21. Jahrhundert**, Bonn 2015, S. 173–199.

17
Georg Picht, **Zum philosophischen Begriff der Ethik**, in: ders., **Hier und Jetzt. Philosophieren nach Auschwitz und Hiroshima, Bd. 1**, Stuttgart 1980, S. 137–161, hier S. 147.

18
Luigino Bruni / Stefano Zamagni, **Zivilökonomie. Effizienz, Gerechtigkeit, Gemeinwohl**, Peter Schallenberg (Hg.), Paderborn 2013, S. 99 f.

19
Aristoteles (Anm. 7), S. 34.

20
Georg Wilhelm Friedrich Hegel, **Grundlinien der Philosophie des Rechts oder Naturrecht und Staatswissenschaft im Grundrisse**, in: ders., **Werke, Bd. 7**, Frankfurt / M. 1986, S. 298.

21
Georg Radbruch, **Gesetzliches Unrecht und übergesetzliches Recht**, in: ders., **Gesamtausgabe, Bd. 3**, Arthur Kaufmann (Hg.), Heidelberg 1990, S. 83–93.

Ethik in der Designgeschichte

22
Vgl. Jorgen Randers / Graeme Maxton, **Ein Prozent ist genug. Mit wenig Wachstum soziale Ungleichheit, Arbeitslosigkeit und Klimawandel bekämpfen**, München 2016, S. 44.

23
Michael Horsham, **Die Kunst der Skaker. Eine Würdigung der hervorragenden Handwerkskunst der Shaker**, Köln 1996, S. 8.

24
Vgl. Max Weber, **Religion und Gesellschaft. Gesammelte Aufsätze zur Religionssoziologie**, Frankfurt / M. 2006, S. 13.

25
Wolfgang Kemp, **John Ruskin 1819–1900. Leben und Werk**, Frankfurt / M. 1983, S. 84.

26
John Ruskin, zit. nach: Gerda Breuer / Petra Eisele (Hg.), **Design. Texte zur Geschichte und Theorie**, Ditzingen 2018, S.16–20, hier S. 18.

27
John Ruskin, **Die Steine von Venedig**, Rainer Groothuis (Hg.), Wiesbaden 2018, S. 146.

28
Ebd., S. 147.

29
Ebd.

30
Zit. nach: Kemp (Anm. 25), S. 212.

31
Ebd., S. 209.

32
Vgl. Birnbacher (Anm. 8), S. 16.

33
René Spitz, **Die Vordenker – 1850–1919**, in: Karin-Simone Fuhs et al. (Hg.), **Die Geschichte des nachhaltigen Designs. Welche Haltung braucht Gestaltung?**, Bad Homburg 2013, S. 98–107, hier S. 103.

34
Ebd.

35
Vgl. Emanuel Herold, **Utopien in utopiefernen Zeiten. Zukunftsdiskurse am Ende der fortschrittlichen Moderne**, Göttingen 2020, S. 159 ff.

36
William Morris, **Über den fehlenden Reiz zur Arbeit in der kommunistischen Gesellschaft (1890)**, zit. nach: Breuer / Eisele (Anm. 26), S. 189.

37
Spitz (Anm. 33), S. 104.

38
Kunde von Nirgendwo, zit. nach: Breuer / Eisele (Anm. 26), S. 191.

39
William Morris, **News from Nowhere and other writings**, Clive Widmer (Hg.), London et al. 1998, S. xi.

40
Günther Sandner, **Freundschaft und Entfremdung. Margarete Schütte-Lihotzky und Otto Neurath**, in: Marcel Bois / Bernadette Reinhold (Hg.), **Margarete Schütte-Lihotzky. Architektur. Politik. Geschlecht. Neue Perspektiven auf Leben und Werk**, Basel 2019, S. 184–195, hier S. 185.

41
Klaus Klemp, **Pure Design. Deutschland und benachbarte Länder in der ersten Hälfte des 20. Jahrhunderts**, in: Keiko Ueki-Polet / Klaus Klemp (Hg.), **Less and More. The Design Ethos of Dieter Rams**, Berlin 2022, 6. Aufl., S. 31–72, hier S. 54.

42
Gert Selle, **Geschichte des Design in Deutschland**, Frankfurt / New York 2004, S. 164; vgl. dazu Gerhard Schweppenhäuser, **Designtheorie**, Wiesbaden 2016, S. 21 f.

43
Angeli Sachs, **Social Design. Geschichte und Gegenwart**, in: Museum für Gestaltung Zürich / Angeli Sachs (Hg.), **Social Design. Partizipation und Empowerment**, Zürich 2018, S. 21–29, hier S. 25.

44
Christine Zwingl, **„Planen und Bauen, Euch Frauen geht es an." Margarete Schütte-Lihotzkys lebenslanges demokratisches Engagement für Frauen**, in: Sandner (Anm. 40), S. 26–37, hier S. 26.

45
Ebd., S. 27.

46
Karin Zogmayer, **Hundert wache Jahre. Zur Vitalität Margarete Schütte-Lihotzkys**, in: Sandner (Anm. 40), S. 16–25, hier S. 23.

47
Gernot Böhme, **Ethik leiblicher Existenz. Über unseren moralischen Umgang mit der eigenen Natur**, Frankfurt / M. 2008, S. 15.

48
Wilhelm Kamlah, **Philosophische Anthropologie. Sprachkritische Grundlegung und Ethik**, Mannheim / Wien / Zürich 1972, S. 55.

49
Agnes Heller, **Hypothese über eine marxistische Theorie der Werte**, Frankfurt / M. 1972, S. 9 f.

50
https://www.raymondloewy.com/about/photos/ (Zugriff am 20.07.2022)

51
Sigfried Giedion, **Die Herrschaft der Mechanisierung. Ein Beitrag zur anonymen Geschichte**, Henning Ritter (Hg.), Frankfurt / M. 1987, S. 557.

52
Gernot Böhme, **Ästhetischer Kapitalismus**, Berlin 2016, S. 11.

53
Raymond Loewy, **Hässlichkeit verkauft sich schlecht. Die Erlebnisse des erfolgreichsten Formgestalters unserer Zeit**, Düsseldorf et al. 1953, S. 270.

54
Ebd., S. 159.

55
Ebd.

56
Heller (Anm. 49), S. 26 f.

57
Vgl. Bruno Niederbacher, **Metaethik (= Grundkurs Philosophie, Bd. 25)**, Stuttgart 2021, S. 11.

58
Georg Henrik von Wright, **The Varieties of Goodness**, London / New York 1963, S. 5.

59
Vgl. Peter Janich, **Sprache und Methode. Eine Einführung in die philosophische Reflexion**, Tübingen 2014, S. 85 ff.

60
Von Wright (Anm. 58), S. 9.

61
Vgl. ebd., S. 11.

62
Loewy (Anm. 53), S. 183.

63
Ebd., S. 187; vgl. S. 241.

64
Vgl. Deyan Sudjic, **Als wir wussten, was gutes Design ist**, in: Lars Müller in Zusammenarbeit mit dem Museum für Gestaltung Zürich (Hg.), **Max Bill. Sicht der Dinge. Die gute Form: Eine Ausstellung 1949**, Zürich 2015, S. 9–15, hier S. 12.

65
Max Bill, **Die gute Form**, zit. nach: Breuer / Eisele (Anm. 26), S. 126.

66
Ebd., S. 127.

67
Kamlah (Anm. 48), S. 56.

68
Max Bill, **die gute form (1949)**, zit. nach: Breuer / Eisele (wie Anm. 26), S. 124–128, hier S. 126.

69
Ebd.

70
Max Bill, **Form. Eine Bilanz über die Formentwicklung um die Mitte des XX. Jahrhunderts**, Basel 1952, S. 10.

71
Christiane Wachsmann, **Bauhäusler in Ulm. Die Grundlehre an der HfG 1953–1955**, in: **bauhäusler in ulm. Grundlehre an der HfG 1953–1955**, Ulm 1993, S. 4–27, hier S. 5.

72
Ebd., S. 4.

73
Melanie Kurz, **Designstreit. Exemplarische Kontroversen über Gestaltung**, Paderborn 2018, S. 191.

74
Ebd., S. 196.

75
Zit. nach: Eva von Seckendorff, **Die Hochschule für Gestaltung in Ulm. Gründung (1949–1953) und Ära Max Bill (1953–1957)**, Marburg 1989, S. 168.

76
Rainer Paslack, **Berufsethik**, in: Johann S. Ach / Kurt Bayertz / Ludwig Siep, **Grundkurs Ethik. Bd. II: Anwendungen**, Paderborn 2011, S. 205–224, hier S. 207.

77
Ebd., S. 208.

78
Claudia Banz, **Zwischen Widerstand und Affirmation. Zur wachsenden Verzahnung von Design und Politik**, in: **Social Design. Gestalten für die Transformation der Gesellschaft**, Bielefeld 2016, S. 11–25, hier S. 25, Fn. 26.

79
Marc Aurel, **Selbstbetrachtungen**, Ditzingen 2009, S. 33.

80
Ebd., S. 36.

81
Vgl. Søren Mau, **Stummer Zwang. Eine marxistische Analyse der ökonomischen Macht im Kapitalismus**, Berlin 2022, 2. Aufl., S. 189–195.

82
Marianne Gronemeyer, **Die Macht der Bedürfnisse. Reflexion über ein Phantom**, Reinbek bei Hamburg 1988, S. 25.

83
Horst Meixner, **Manipuliert die Werbung?**, in: Klaus M. Meyer-Abich / Dieter Birnbacher (Hg.), **Was braucht der Mensch, um glücklich zu sein: Bedürfnisforschung und Konsumkritik**, München 1979, S. 78–97, hier S. 79.

84
Robert Pfaller, **Die blitzenden Waffen. Über die Macht der Form**, Frankfurt / M. 2020, 2. Aufl., S. 155.

85
Herbert Marcuse, **Der eindimensionale Mensch. Studien zur Ideologie der fortgeschrittenen Industriegesellschaft**, Neuwied / Berlin 1968, 4. Aufl., S. 25.

86
Ebd., S. 26.

87
Bazon Brock, **Lustmarsch durchs Theoriegelände. Musealisiert Euch!**, Köln 2008, S. 179.

88
Viktor Papanek, **Design For The Real World. Human Ecology and Social Change**, London 2016, S. 3 f.

89
Vgl. Christian Bauer, **Schädliches Design. Demoralisierende Designtheorie?**, in: Christoph Rodatz / Pierre Smolarksi (Hg.), **Wie können wir den Schaden maximieren? Gestaltung trotz Komplexität. Beiträge zu einem Public Interest Design**, Bielefeld 2021, S. 59–78.

90
Viktor Papanek, zit. nach: Friedrich von Borries, **Weltentwerfen, Eine politische Designtheorie**, Berlin 2017, S. 20.

91
Erich Fromm, **Anatomie der menschlichen Destruktivität**, Reinbek bei Hamburg 1977, S. 393.

92
Vgl. dazu Rodatz / Smolarksi (Anm. 89).

93
Papanek (Anm. 88), S. 104.

94
Ebd.

95
Sophie Lovell, Dieter Rams, **So wenig Design wie möglich**, Hamburg 2013, S. 6.

96
Dieter Rams, **Produktdesign bei Braun**, in: Industrie Forum Design Hannover (Hg.), **Dieter Rams, Designer. Die leise Ordnung der Dinge (= Design-Köpfe, Bd. 1)**, Hannover 1990, S. 37–40, hier S. 37.

97
Ebd., S. 35.

98
Friedrich (Anm. 14), hier S. 349.

99
Rams (Anm. 96), S. 38.

100
Ebd., S. 39.

101
Jonathan Ive, **Vorwort**, in: Lovell (Anm. 95), S. 11–14, hier S. 13.

102
Uta Brandes, **Als Designer muß man immer Optimist sein**, in: Rams (Anm. 96), S. 18.

103
Daniel Martin Feige, **Design. Eine philosophische Analyse**, Berlin 2018, S. 12.

104
Dieter Rams, **Tokyo-Manifest**, in: Cees W. de Jong (Hg.), **Zehn Thesen für gutes Design: Dieter Rams. Die Sammlung Jorrit Maan, Beiträge von Klaus Klemp u. Erik Mattie**, München / London / New York 2017, S. 40–47, hier S. 44.

105
Brandes (Anm. 102), S. 15.

106
Friedrich (Anm. 14), S. 350.

107
Brandes (Anm. 102), S. 15 f.

108
Erik Mattie, **Design – eine grundsätzliche Angelegenheit**, in: de Jong (Anm. 104), S. 74–91, hier S. 86–90.

109
Dieter Rams, **Grußwort**, in: iF Design Foundation / Christoph Böninger / Susanne Schmidhuber / Fritz Frenkler (Hg.), **Weißbuch zur Zukunft der Designlehre. – Whitebook. Designing Design Education**, Hannover / Stuttgart 2021, S. 13–15, hier S. 13.

110
Bazon Brock, **Ein Lernenvironment zum Problem der Lebensinszenierung und Lebensorganisation. Dazu ein Vorschlag zur Anwendung der Aussagen im Sozio-Design**, in: IDZ Berlin (Hg.), **mode – das inszenierte Leben: Kleidung und Wohnung als Lernenvironment**, Berlin 1972, S. 19.

111
Vgl. dazu Claudia Mareis, **Design als Wissenskultur. Interferenzen zwischen Design- und Wissensdiskurs**, Bielefeld 2011, S. 140 ff.

112
Vgl. Lucius Burckhardt, **Der kleinstmögliche Eingriff**, in: ders., **Die Kinder fressen ihre Revolution. Wohnen – Planen – Bauen – Grünen**, Bazon Brock (Hg.), Köln 1985, S. 241–247.

113
Bazon Brock, **Animierte Animatoren**, in: ders., **Der Barbar als Kulturheld. Ästhetik des Unterlassens, Kritik der Wahrheit – wie man wird, der man nicht ist. Gesammelte Schriften III 1991–2001**, Anna Zika (Hg.), Köln 2002, S. 45–51, hier S. 50.

114
Ebd., S. 323.

115
Friedrich von Borries, **In der Schule der Folgenlosigkeit**, in: **Lerchenfeld Nr. 55, November 2020**, Martin Köttering (Hg.), Hamburg 2020, S. 4–7.

116
Picht (Anm. 17), S. 13.

117
Alain Findeli, **Rethinking Design Education for the 21st Century: Theoretical, Methodological, and Ethical Discussion**, in: **Design Issues, Vol. 17, Nr. 1, Winter 1**, S. 5–17, hier S. 8; dt. Fassung in: Susanne Ritzmann, **Wegwerfen / Entwerfen. Müll im Designprozess. Nachhaltigkeit in der Designdidaktik**, Basel 2018, S. 59.

118
Lucius Burckhardt, **Die sauberen Lösungen verschmutzen die Umwelt**, in: HBKsaar (Hg.), **Hochschule der bildenden Künste Saar. Nr. 1 der Schriftenreihe** (ohne Jahr und Seitenangabe).

119
Ebd.

120
Lemma „Problemlösung", in: Michael Erlhoff / Marshall Michael (Hg.), **Wörterbuch Design. Begriffliche Perspektiven des Design**, Basel 2008, S. 319–320, hier S. 319.

121
Daniel Martin Feige, **Dialektisches Denken und Design**, in: Gerhard Schweppenhäuser / Judith-Frederike Popp / Christian Bauer, **Ambivalenzen der Optimierung (= Würzburger Beiträge zur Designforschung)**, Wiesbaden 2022, S. 117–129, hier S. 120.

122
Bazon Brock, **Die Verantwortung der Wissenschaft für die Gesellschaft**, in: ders. (Anm. 113), S. 363–371, hier S. 370.

Ethische Herausforderungen unserer Zeit

123
Michael Thompson, **Mülltheorie. Über die Schaffung und Vernichtung von Werten**, Neuausgabe, Michael Fehr (Hg.), Bielefeld 2021, S. 27.

124
Christian Bauer, **Data, Mind, Behavior. Informationsethik als Zukunftsethik**, in: Thomas Knubben et al. (Hg.), **Weltkulturatlas. Kultur in Zeiten der Digitalisierung. Daten, Geschichten, Grafiken, Analysen**, Stuttgart 2019, S. 141–153, hier S. 150 f.

125
Dieter Birnbacher, **Klimaethik. Nach uns die Sintflut**, Stuttgart 2016, S. 150 ff.

126
Orsola De Castro, **Loved Clothes Last. How the Joy of Rewearing and Repairing Your Clothes Can Be a Revolutionary Act**, London 2021, S. 230.

127
Theodor W. Adorno, **Negative Dialektik**, in: ders., **Gesammelte Schriften, Bd. 6**, Rolf Tiedemann (Hg.), Frankfurt / M. 2007, S. 29.

128
Emil Angehrn, **Leiden beredt werden lassen. Zwischen Kritischer Theorie und Psychoanalyse**, in: Christine Kirchhoff / Falko Schmieder (Hg.), **Freud und Adorno. Zur Urgeschichte der Moderne**, Berlin 2014, S. 145–152, hier S. 147.

129
Henning Ritter, **Die Schreie der Verwundeten. Versuch über die Grausamkeit**, München 2013, S. 154.

130
Richard Rorty, **Kontingenz, Ironie und Solidarität**, Frankfurt / M. 2012, 10. Aufl., S. 15 f.

131
Birnbacher (Anm. 125), S. 157.

132
François Burckhardt, **Einleitung**, in: Brock (Anm. 110), S. 9.

133
Bernd Sommer / Harald Welzer, **Transformationsdesign. Wege in eine zukunftsfähige Moderne**, München 2017, S. 161 ff.

134
Liv Strömquist, **Der Ursprung der Welt**, Berlin 2017, S. 100–132.

135
Vgl. Mary Douglas, **Purity and Danger. An Analysis of Pollution and Taboo**, London 2002.

136
Vgl. Jürgen Reuß / Cosima Dannoritzer, **Kaufen für die Müllhalde. Das Prinzip der geplanten Obsoleszenz**, Freiburg 2013.

137
Birnbacher (Anm. 5), S. 178.

138
Ebd., S. 181.

139
Vgl. Brock (Anm. 87), S. 249, vgl. Roland Posner (Hg.), **Warnungen an die ferne Zukunft – Atommüll als Kommunikationsproblem**, München 1990.

140
Thomas Haufe, **Die Geschichte des Designs im Überblick. Von der Industrialisierung bis heute**, Köln 2019, 3. Aufl., S. 190.

141
Vgl. https://www.humansforsurvival.org/ (Zugriff am 17.04.2022) und https://humanfuture.net/node/21 (Zugriff am 06.10.2020).

142
Christian Berg, **Ist Nachhaltigkeit utopisch? Wie wir Barrieren überwinden und zukunftsfähig handeln**, München 2020, S. 42.

143
Günther Anders, **Ketzereien**, München 1991, S. 37.

144
Krebs (Anm. 13), S. 337.

145
Ebd., S. 340.

146
Donna J. Haraway, **Unruhig bleiben. Die Verwandtschaft der Arten im Chthuluzän**, Frankfurt / New York 2018, S. 139.

147
Harald Welzer, **Nachruf auf mich selbst. Die Kultur des Aufhörens**, Frankfurt / M. 2021, 4. Aufl., S. 11.

148
Birnbacher (Anm. 5), S. 273.

149
Aldo Leopold, **Am Anfang war die Erde, ‚Sand County Almanac'. Plädoyer zur Umwelt-Ethik**, München 1992, S. 174.

150
Sommer / Welzer (wie Anm. 133), S. 109 ff.

151
Armin Grunwald / Jürgen Kopfmüller, **Nachhaltigkeit. Eine Einführung**, Frankfurt / M. / New York 2012, 2. Aufl., S. 168 f.

152
Birnbacher (Anm. 125), S. 152.

153
Hans Jonas, **Das Prinzip Verantwortung. Versuch einer Ethik für die technologische Zivilisation**, Frankfurt / M. 1979, S. 36.

154
Dieter Birnbacher / Christian Schicha, **Vorsorge statt Nachhaltigkeit – Ethische Grundlagen der Zukunftsverantwortung**, in: Dieter Birnbacher / Gerd Brudermüller (Hg.), **Zukunftsverantwortung und Generationensolidarität**, Würzburg 2001, S. 17–33, hier S. 29 f.

155
Haraway (Anm. 146), S. 81.

156
Hans Joas, **Die Entstehung der Werte**, Frankfurt / M. 1997, S. 11.

157
Christine Bratu, **Korporative und kooperative Verantwortung**, in: Ludger Heidbrink / Claus Langbehn / Janina Loh (Hg.), **Handbuch Verantwortung**, Wiesbaden 2017, S. 477–499, hier S. 490.

158
Harald Bolsinger, **Die geistreiche Verbindung von Kooperation und Netzwerk in Form von Genossenschaften**, in: Johannes Blome-Drees et al. (Hg.), **Handbuch Genossenschaftswesen**, Wiesbaden 2020, S. 1–22, hier S. 2.

159
Werner Möller in Zusammenarbeit mit Raquel Franklin (Hg.), **das prinzip coop – Hannes Meyer und die Idee einer kollektiven Gestaltung.** Ausstellungskatalog für die Stiftung Bauhaus Dessau, Leipzig 2015, S. 24, vgl. dazu die **s:coop-Kreativgenossenschaft**, siehe https://www.scoop.vision (Zugriff am 22.08.2022).

160
Philipp Oswalt, **Hannes Meyers neue Bauhauslehre. Von Dessau nach Mexiko**, Basel 2019, S. 12.

161
Helen McCabe, **Harriet Taylor Mill (1807–1858)**, in: Rebecca Buxton / Lisa Whiting (Hg.), **Philosophinnen von Hypatia bis Angela Davis: Herausragende Frauen der Philosophiegeschichte**, Hamburg 2021, S. 68–75, hier S. 73.

162
Peter Ullrich, **Unternehmenskultur**, in: Waldemar Wittmann et al. (Hg.), **Handwörterbuch Betriebswirtschaft, Teilbd. 2, R–Z**, Stuttgart 1993, Sp. 4351–4366, hier Sp. 4352.

163
Schweppenhäuser / Bauer (Anm. 4), S. 285.

164
Albert Keller, **Allgemeine Erkenntnistheorie. Grundkurs Philosophie, Bd. 2**, Stuttgart 2006, 3. Aufl., S. 106.

165
Zit. nach: Rüdiger Funiok, **Medienethik: Trotz Stolperstein ist der Wertediskurs über Medien unverzichtbar**, in: Matthias Karmasin (Hg.), **Medien und Ethik**, Stuttgart 2002, S. 37–58, hier S. 44.

166
Burckhardt (Anm. 118).

167
Immanuel Kant, **Die Metaphysik der Sitten**, in: ders., **Werke in zwölf Bänden, Bd. 8**, Frankfurt / M. 1977, S. 600.

168
Vgl. Max Horkheimer, **Zur Kritik der instrumentellen Vernunft. Aus den Vorträgen und Aufzeichnungen seit Kriegsende**, Alfred Schmidt (Hg.), Frankfurt / M. 1986.

169
Papanek (Anm. 88), S. 87.

170
Vgl. Rebekka Endler, **Das Patriarchat der Dinge. Warum die Welt Frauen nicht passt**, Köln 2021.

171
Simon (Anm. 6), S. 357.

172
Loewy (Anm. 53), S. 199.

173
Caroline Criado-Perez, **Unsichtbare Frauen. Wie eine von Daten beherrschte Welt die Hälfte der Bevölkerung ignoriert**, München 2020, 4. Auflage, S. 253.

174
Melanie Kurz / Frank Zebner, **Zum Verhältnis von Design und Technik**, in: Petra Eisele / Bernhard E. Bürdek (Hg.), **Design, Anfang des 21. Jh. Design und Diskurse**, Ludwigsburg 2011, S. 177.

175
Endler (Anm. 170), S. 12.

176
Dazu **Richtlinie VDI 3780 Technikbewertung: Begriff und Grundlagen**, in: Hans Lenk / Günter Ropohl (Hg.), **Technik und Ethik**, Stuttgart 1993, 2. Aufl., S. 334–363, hier S. 360–363.

177
Tom Bieling, **Inklusion als Entwurf. Teilhabeorientierte Forschung über, für und durch Design**, Basel 2019, S. 233.

178
Victor Papanek, **BIG CHARACTER POSTER NO. 1: WORK CHART FOR DESIGNERS.**, in: Mateo Kries / Amelie Klein / Alison J. Clarke (Hg.), Victor Papanek, **The Politics of Design**, Ausstellungskatalog, Weil am Rhein 2018, S. 100.

179
Petra Grimm / Tobias O. Keber / Oliver Zöllner (Hg.), **Digitale Ethik. Leben in vernetzten Welten**, Ditzingen 2019, S. 14.

180
Vgl. Donald A. Schön, **The Reflective Practitioner. How Professionals Think in Action**, New York 1983.

181
Vgl. Rupert M. Scheule / Rafael Capurro / Thomas Hausmanninger (Hg.), **Vernetzt gespalten. Der Digital Divide in ethischer Perspektive**, München 2004.

182
Sasha Costanza-Chock, **Design Justice. Community-led practices to build the worlds we need**, Cambridge / London 2020, S. 4.

183
Vilém Flusser, **Vom Stand der Dinge. Eine kleine Philosophie des Design**, Fabian Wurm (Hg.), Göttingen 1993, S. 9.

184
Costanza-Chock (Anm. 182), S. 5.

185
Vgl. Dirk Baecker, **Designvertrauen. Ungewissheitsabsorption in der nächsten Gesellschaft**, in: Christian Demand (Hg.), **Merkur. Zeitschrift für europäisches Denken, Heft 799, Dez. 2015, 69. Jg.**, S. 89–97.

186
Vgl. Batya Friedman, **Human Values and the Design of Computer Technology**, Cambridge / New York 1997.

187
Vgl. Christian Bauer, **Informationstheorie für Designer**, Stuttgart 2018, S. 141 f.

188
Joseph Weizenbaum, **Die Macht der Computer und die Ohnmacht der Vernunft**, Frankfurt / M. 1978, S. 19.

189
Jürgen Habermas, **Überlegungen und Hypothesen zu einem erneuten Strukturwandel der politischen Öffentlichkeit**, in: **Leviathan, 49. Jg., Sonderbd. 37/2021**, S. 470–500, hier S. 492.

190
Ebd., S. 499.

191
Immanuel Kant, **Grundlegung zur Metaphysik der Sitten**, Hamburg 1999, S. 63.

192
Armin Grunwald, **Ethik und Technik**, in: Martina Heßler / Kevin Liggieri (Hg.), **Technikanthropologie. Handbuch für Wissenschaft und Studium**, Baden-Baden 2020, S. 76 f.

193
Georg Wilhelm Friedrich, **Phänomenologie des Geistes**, Hamburg 1988, S. 127–136.

194
Johannes Achatz / Stefan Selke, **Kartographie ethischer Sollbruchstellen** in: Stefan Selke (Hg.), **Zugluft. Öffentliche Wissenschaft in Forschung, Lehre und Gesellschaft**, Furtwangen 2021, S. 88–95, hier S. 90.

195
Leopold (Anm. 149), S. 160.

196
Ebd., S. 174.

197
Corine Pelluchon, **Ethik der Wertschätzung. Tugenden für eine ungewisse Welt**, Darmstadt 2019, S. 277.

198
Martha Nussbaum, **Menschliche Fähigkeiten, weibliche Menschen**, in: dies., **Gerechtigkeit oder Das Gute Leben**, Frankfurt / M. 1999, S. 176–226, hier S. 200.

199
Ebd., S. 200 f.

200
Gerhard Schweppenhäuser, **Grundbegriffe der Ethik**, Ditzingen 2021, 2. Aufl., S. 307.

201
Viktor Papanek, **The Green Imperative: Ecology and Ethics in Design and Architecture**, London 2021, 2. Aufl., S. 208–221.

202
Burckhardt (Anm. 112), S. 55 f., vgl. Bauer (Anm. 89), S. 73.

203
http://oslomedia1.klonk.com/2016/11/Das-Oslo-Manifest-.pdf (Zugriff am 20.07.2022)

Weitere Bände der Reihe

Recht für Designer
ISBN 978-3-89986-356-7

Philosophie für Designer
ISBN 978-3-89986-253-9

Medien für Designer
ISBN 978-3-89986-254-6

Existenzgründung für Designer
ISBN 978-3-89986-267-6

Storytelling für Designer
ISBN 978-3-89986-277-5

Informationstheorie für Designer
ISBN 978-3-89986-283-6

Musik für Designer
ISBN 978-3-89986-339-0

Datenschutz für Designer
ISBN 978-3-89986-355-0

Herausgeber der Reihe
Prof. Dr. Thomas Friedrich
Prof. Dr. Klaus Klemp
Prof. Dr. Gerhard Schweppenhäuser

Autor des Bandes
Christian Bauer

Lektorat
Mario Ableitner
Dr. Petra Kiedaisch, Bettina Klett

Layout
T616 Berlin, Prof. Veruschka Götz mit Katrin Kassel

Satz
Mario Ableitner

Schriften
The Mix, TheSans, The Serif

Papier
Soporset, 100 g/m²

Druck
Schleunungdruck, Marktheidenfeld

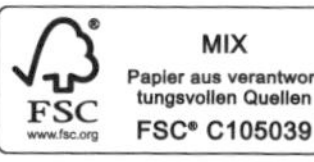

avedition GmbH
Verlag für Architektur und Design
Senefelderstraße 109
70176 Stuttgart
Deutschland
Tel.: +49 (0)711 / 220 22 79-0
info@avedition.de
www.avedition.de

ISBN 978-3-89986-381-9

Bibliografische Informationen der Deutschen Nationalbibliothek
Die Deutsche Nationalbibliothek verzeichnet diese Publikation in der Deutschen Nationalbibliografie; detaillierte bibliografische Daten sind im Internet über dnb.de abrufbar.

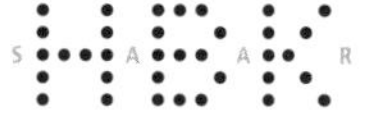

Dieser Band erscheint mit Unterstützung der
Hochschule der bildenden Künste Saar, Saarbrücken.